"日历史问题译丛"系列图书之一

外祖父大平正芳

〔日〕渡边满子／著

薛轶群 徐伟信 尤一唯 韦平和／译

薛轶群／审校

祖父
大平正芳

〔日〕渡边满子／著

社会科学文献出版社

SOCIAL SCIENCES ACADEMIC PRESS (CHINA)

中文版序

　　拙著《外祖父大平正芳》在中日邦交正常化 45 周年这个值得纪念的年份完成中文版的出版，这是我的极大荣幸。

　　我认为政治家为报效国家必须怀有大志，对于外祖父而言，他的大志是中日邦交正常化。然后这项大事业在周恩来总理和田中角荣首相两人的政治决断之下完成。

　　本书主要内容是政治家和政治家背后家庭的"爱和哀愁"，以及身为外孙女的我通过"女性视角"进行的描写。

　　我最先认识的中国女性是在邦交正常化时担任两国首脑翻译的王效贤女士。王女士于 1954 年初次来到日本，她担任战后首次访日团团长李德全女士的翻译。此后她在 1972 年 9 月邦交正常化时也担任翻译，那以后她致力于中日友好，大平家的我们都受到她很大的关照。我以此书献给尊敬的王效贤女士。

在中国，女性早已踏入社会，许多模范女性活跃于各行业。在2013年举办"日中未来的儿童100人的照片展"时，程永华大使夫人汪婉女士以"日中两国的孩子们从小相遇的幸福"为题，用她美丽的日语发表演讲，我们参会者都流下了感动的泪水。像这样女性之间的羁绊在今后大概也会成为两国和平友好的基石吧。

最后在本书出版之际，我希望对帮助本书出版的已故的步平先生表示深深的感谢。此外，还希望对帮助我联系步平先生的李缨导演和耿忠女士以及帮助最终实现出版的吕小庆先生和杨群总编辑表示感谢。

我相信步平先生和我外祖父大平正芳在天上看到本书的出版一定都会笑逐颜开吧。真的谢谢大家。

在美丽的秋日为中日友好祈祷

渡边满子

2017年11月

韬光养晦的政治家

——寄语《外祖父大平正芳》

读卖新闻特别编辑委员　桥本五郎

联系最近的政治风潮，我常常听到这样的意见。"安倍政府上台后，自民党大大右倾了。越是在这时候，就必须展示池田勇人以来宏池会的传统，即自由主义这一对立轴，防止日本向错误的方向迈进。"于是，具有两个中心的大平正芳"椭圆思想"的重要性也被提及。

然而，谈到"为何现在需要大平正芳"，我的看法略有不同。我认为不应该出于以"左"来制衡右倾化这种消极防御的理由，而是要通过大平寻找政治、政治家身处任何时代都具有的某种普遍性东西。这正是因为大平的身上体现了当前政治中欠缺的东西。

首先，对政治具有局限性的深刻洞察。政治并不是万能的，权力必须予以抑制。"权力只允许存在于为其服务目的所及的范围内。"（《新权力论》）掌权者不应抱有"全能的幻想"，也不应丢掉谦虚谨慎、韬光养晦的胸怀。大平常挂在嘴边的一句话是"政治即安魂"。能够让人们灵魂安静的正是政治，这是多么深刻的话语。

其次，将政治视为一种"公器"。行使权力时极为慎重的大平正芳，在与福田赳夫的权力斗争最为激烈时倒下，最后溘然长逝，体现了潜藏在政治中的无情宿命。面对咄咄逼人的福田，大平愤然站起质问："让我辞职这是叫我去死吗？"但随后大平体现出了其真正的风骨。

在与福田激烈争论后大平返回首相官邸，他问官房副长官加藤纮一。

"加藤君，福田说让我辞职。但你觉得接下来该谁做首相呢？加藤君，你说说看。"加藤眼望地下默然不语，过了一会儿大平自言自语道："如果我辞职，为了日本，该成为首相的是福田啊。"超越了个人恩怨从国家整体利益考虑，这才是真正的领袖。

"政治就是最高的道德"，这是福田赳夫的名言。通常认为道德家不适合搞政治，但如果领袖不重视道德那就会很糟糕。用通俗的话说道德就是"礼节"。大平是一个讲究礼节之人。这在他与神崎制纸的创立者加藤藤太郎的交往中也有体现。加藤从三丰中学（今观音寺一高）到东京商科大学（今一桥大学）都是大平的学长，他为了让香川县内家庭条件不好的孩子能够上大学而创设了奖学金。大平也对加藤充满了尊敬，每次前去神崎制纸拜访加藤时，没有一次是把车开到大门前的。他总是在离大门很远的地方下车，自己走入门内。把车开到自己由衷尊敬的人门前意味着无可原谅的失礼行为。

重视家人、怀有对故乡的爱也是领袖应有的宝贵品质。通读本书自然也可领略到大平的这一面。恸哭长子正树的文章不管读了几遍仍然会被深深震撼，而大平描绘的田园都市国家构想也恰恰体现了他的爱乡之情。

由身边人撰写的论领袖的书为数不少。但像本书一样多方呈现、不偏不倚的著作实不多见。在准确把握政治大背景的同时，又处处凸显了只有身边的家人才知晓的细节。作者对作为公职人员无关紧要的部分进行了舍弃，以公正的眼光叙述了政治所需要的东西。即便如此，大平家的"守夜来客"① 仍然充满了秘辛。

---

① 《守夜来客》是日本作家井上靖发表于 1949 年的小说。作品开篇描写了某报社东亚部部长新津礼作去世后，一位神秘女性出现在他的守灵之夜后又悄然消失。之后这名与新津发生婚外恋的女性水津以独白形式讲述了两人战时在荒凉高原中挣扎度日的爱情故事。本书的第 22 篇也提及了一名神秘女性出现在大平正芳葬礼上。——译者注

献　词

致父母森田一与芳子

作为你们的女儿来到这个世界，我十分幸运。

在你们的支持下，本书终于完成。

我谨以此书献给你们，祝愿你们健康长寿。

致侄女瑛子

请作为大平家坚强、柔美女性的继承者前行。

我会一直守望着你。

致森田光一、美古、基宽以及渡边弘……

感谢你们！

序言

　　我的外祖父大平正芳于明治末期的 1910 年（明治 43
年）生于四国地区香川县的一户农家。这一年哈雷彗星的彗
尾扫过地球，日本合并韩国，还发生了"大逆事件"。① 外
祖父出生两年后，日本进入大正时代。在其多愁善感的青春
年代，他加入了信奉基督教的行列，决心作为传教士度过一
生。但命运和他开了个玩笑，外祖父成了政治家，并作为首

---

① "大逆事件"又称"幸德事件"。1910 年 5 月下旬，日本长野县明科
锯木厂内查出一工人携带炸弹到厂。明治政府即以此为借口镇压日
本的社会主义运动。从 1910 年底到 1911 年 1 月，当局对被捕的数百
名社会主义者进行秘密审判，诬陷日本社会主义先驱幸德秋水等 26
人"大逆不道，图谋暗杀天皇，制造暴乱，犯了暗杀天皇未遂罪"。
经大审院一审即终审的特别判决后，1911 年 1 月 18 日宣判幸德秋水
等 24 人为死刑，另外两人为有期徒刑。在日本人民和世界舆论的谴
责和压力之下，大审院后被迫以天皇的名义将死刑中的 12 人减为无
期徒刑。但幸德秋水等另外 12 人却于 1 月 24 日被处以绞刑。日本的
社会主义运动由于这次大规模的残酷镇压而受到严重打击，暂时走
向低潮。——译者注

相倒在了任上。

每个人的成长从呱呱落地起就受到外界的影响，近自父母、兄弟、朋友等周围许多人，远自时代的风貌、风土、环境等，这些都是命定的相遇，概莫能外。或许我们就在不知不觉中选择了一条对自己而言最完美的人生之路。

2009年我离开了工作24年之久的日本电视台。为了声援我的远亲、一名民主党推选的新候选人参加这一年的大选，我去了香川。伴随政权更迭的狂热与兴奋，我目睹了一名年轻政治家开始步入政坛，也增加了思考"何谓政治""何谓保守"的机会，并有幸得到了接触时任国会议员的机会。虽然出身政治家的家庭，政治已成为日常生活的一部分，但那时的体验似乎又在我的内心催生了一些新的东西。经历了那段时日，我又加深了对外祖父的认识。

开始动笔写作本书的时候，一位我尊敬的人士寄语称："请描绘出大平正芳先生'宽广深邃的思考和内心'与'忍耐力强'究竟出自何处。"不知道是否可以满足这一期待，但我想尽自己全力去完成这本书。

外祖父去世的时候，我才17岁。我想外祖父平时待人处世都是以宽容之心一视同仁，当还是高中生的我爱上比我年长15岁、他的跟班记者时也是如此。他没有不容分说地完全否定，也没有对此付之一笑，而是询问我的想法并给予我温暖的关心。

身为我这一辈出生最早的孩子，童年时期我备受家人宠爱，记得最清楚的便是外祖父的吻。他不是"啵"地一下，而是在脸蛋上"卟"地吹一口气。这是出门前在玄关的仪式。

我觉得政治家必须是"万人迷"。只要那个人在场，就会形成宽松的秩序，就是那样的存在。

本书以家人的视角，勾画了政治家大平正芳生于明治末期，成长于大正民主时代，奋斗于激荡的昭和时代，不仅受到家人、乡人、身边亲信的拥护，还被众多相关人士爱戴，直至去世35年后的今天仍然被怀念的一生。此外，也可窥见他的支持者的跌宕人生。①

───────────

① 本书为行文方便，除特殊情况外均省略尊称。失礼之处谨此致以歉意。

目录

1
最后的晚餐

　　1980 年 5 月 29 日傍晚，外祖父大平正芳在首相官邸举行了一场慰问晚宴，对象是其寄予厚望的 9 个政策研究小组的成员及他们的家属。身为首相，正忙于收拾严峻政局的外祖父在这一难得的时刻无疑充满了喜悦。之后，为了出席正在访日的中国总理华国锋的答谢晚宴，外祖父于 18 点 24 分离开了官邸。

　　在野党提出内阁不信任决议案后，外祖父所在的自民党内也有人倒戈，在表决时投下赞成票，使不信任决议案得以通过，外祖父当即决定解散众议院。这也造成了历史上首次出现参、众两院同一日举行选举，堪称异常事态。在突如其来的选战前夕，母亲芳子与我像往常一样在起居室等候外祖父的归来。而外祖父抵家时已经快22点了。母亲对他说："爸爸，芳子明天就回选区了。"外祖父站在首相的立场，是不可能返回自身所在选区的，而外祖母的身体欠佳，因此由我的母亲代替其负责家乡香川的选区。"那就拜托了。"外祖父答道。这也成为外祖父大平正芳与母亲森田芳子（当时38岁）最后的对话。

翌日，5月30日，命运之日，晴空万里。上午9点，在前往迎宾馆出席了欢送华国锋总理的仪式后，外祖父结束了在自民党本部举行的大选"出阵仪式"，又赶往街头演说的第一站新宿车站。当天，身为首席秘书的父亲森田一作为外祖父的代理人，为了发出竞选的第一声演说而奔赴香川。历史是没有假如的，但令人悔恨的是如果当天父亲陪伴在外祖父身旁的话，也许就能避免最糟糕的事态。这是由于父亲具备医学知识，鉴于外祖父连日政务繁忙，出访日程过密，40日抗争的政变等压力累积下，父亲时常担心他随时都有可能倒下，因此从医生那里预留了用于心脏病发时的硝酸甘油。如果那天把硝酸甘油提前交给代替父亲的秘书福川伸次的话……

外祖父在大选的首次演说中，异乎寻常地竭尽全力，并在3000人的听众前挥起拳头。据称当时的神态明显与平时的外祖父不同，当时很可能是心脏病初步发作了。之后从在场的人那里听说，外祖父已经大汗淋漓，同时还向左右的亲信表示"喉咙疼"。在结束了 5 场街头演说后，外祖父于傍晚 6 点提前回家。我想当时应该是已经超出忍耐的极限了。

平时负责外祖父健康的医生鹤卷龙之助此时已在家中待命。经诊断，医生认为有可能是心肌梗死，需要绝对的静养。

"也许已经回天乏力了……"外祖母大平志华子心中已经做好最坏的打算。

外祖母对着表情僵硬的我说道："医生说，外公可能有生命危险……"当时大平家没有其他家人在场。前官房长官田中六助似乎是在外演说结束后返回家中入浴时听闻这个消息的，他穿着浴衣就赶到大平家的情形也证明了事态的非比寻常。住院的手续也已秘密办好，在征得邻居的同意后，以其名义安排了带卧铺的汽车。

那个时代还没有手机，我就站在家前面的路上等着从香川赶回来的父亲森田一。当时我虽然只是个高三的学生，但生长在政治家的家庭，看着外祖父、父母的背影长大，我可能早就懂得了首相在大选的最关键时刻病倒意味着什么，作为家人应该要做些什么。总之，我想着不要被媒体发现，必须尽早通知父亲，就一直等在黑暗的路旁。深夜 11 点前坐出租车赶回家的父亲看到我伫立在路旁的身影，似乎已猜到了外祖父倒下的事情。当熄掉家中的灯，等首相的跟班记者回去后，我们再将外祖父抬上担架坐上汽车，在无警车开道的情况下赶往虎之门医院时，时钟已拨到了 5 月 31 日。在主人离去的世田谷区濑田的大平家中，只剩下了空荡荡的寂静。

2 虎之门医院的12天

　　尽管入住虎之门医院是绝密的，但入院当天即5月31日凌晨3点左右，闻风而来的众多报社、电视台的记者已开始聚集在医院前，据说是要求召开记者会进行说明。

　　凌晨3点半，作为秘书的父亲森田一发表评论称："仅仅是过劳，慎重起见才决定住院。"上午6点过后，父亲再次召开记者会，宣布："暂且决定住院接受检查，目前确信是因为过劳。"从此之后，父亲每天举行4次记者会。根据该记者会上的采访笔记,当时《朝日新闻》政治部负责内阁记者会的国正武重后来写成了《权力的病房》一书。以父亲召开的记者会为主即可写成一本书,由此可见那 12 天的形势真的十分紧张。

外祖父很早就认为健全的媒体在监督政治方面起到的作用是不可或缺的,即便报纸上的论调多有不称心如意之处,但对《朝日新闻》的记者还是怀有敬意的。他经常带着少许打趣和尊敬的口吻说:"因为是伟大的朝日啊……"

外祖父住院后,母亲芳子继续留在香川选区。这是因为外祖父的盟友田中角荣曾经致电劝她:"芳子如果回到东京,那报纸上就会写你父亲的情况危急,虽然你也很可怜,但暂时还是不要回东京为好。"因担心影响外祖父的病情,只告诉他一些简单的选举情况,但外祖父还是挂念在故乡选区全力助选的母亲,念叨着:"真是多亏了芳子……"从旁观者的角度来看,也可以清楚地感受到父女之间这种深厚的信任。

住院的时间延长后,受访对象也扩大到在老家的母亲,有记者甚至提出些丝毫不体谅人的问题。即便如此,据说也有对芳子倍感亲切的记者伸出援助之手,向其打电话告知:"满子(笔者)和光一君(笔者弟弟)都好好地在帮忙,请放心吧。"采访一方与受访一方立场的差异,截然不同的想法，人与人之间的信任等，这些每天都让母亲与我深思。

父亲森田一是外祖父的女婿，也是首席秘书，因此入院当天就住进了外祖父在虎之门医院的相邻病床。我每天放学后给父亲送去换洗的内衣，趁父亲去医院附近的澡堂入浴时在书店站着看书等他。父亲洗完澡后，会一起在附近的店里吃完饭，然后我再拿着要洗的衣服回家。现在已经想不起来当时一边吃一边和父亲说了什么，应该是向他报告母亲在选区的情况吧。

在虎之门医院，媒体每天都争相报道外祖父住院的情况。为了了解他每天的进食情况，甚至有记者潜入配膳室进行调查。因为刚入院时，外祖父的状况是连粥也喝不了，于是为了应付媒体大家绞尽脑汁，甚至想出由秘书和警卫轮流吃饭。

父亲作为秘书每天召开 4 次记者会是有其考虑的，这是因为想尽量避免出现由医生举行记者会的情况。如果"心肌梗死"的病名传出去的话，外祖父将面临辞职的境地。但又不能让医生当众撒谎，因此父亲决定每隔四、五个小时召开一次记者会，尽量提供一些逸事以让记者可以写稿，但似乎每每创造这些素材就已让他心力交瘁。父亲的每次会见在前述国正的书中也多有涉及，而父亲与做笔记的记者之间紧张激烈的交锋，如今想起来觉得真可以算是一部纪录片里的名场面了。事实上，后来的确想要策划拍一部名为《总理的病房》的电影，遗憾的是最后无疾而终了。

外祖父入院醒来后，据说曾突然对父亲说："你与医生商量下，如果我痊愈后身体也无法应付繁重工作的话，对选区的民众也不好，因此这次的众议院选举我就不出马了，由你上吧。"父亲回答称："那绝不可能。宪法规定首相必须由国会议员担任，因此如果按您说的，那媒体将会大肆宣扬'大平内阁总辞职'，也会给自民党的诸位造成很大麻烦的。"于是外祖父说了声"是吗……"也许他在入睡的时候都在操心选举及国家的未来吧，所谓政治家正是讲究因果的职业啊。

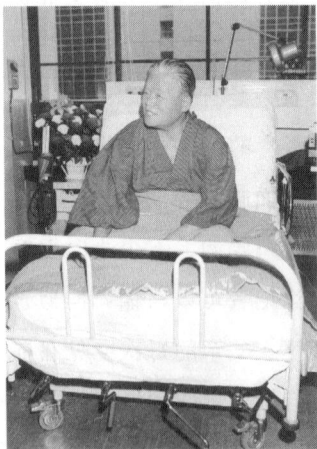

入院后第 9 天回答记者提问的外祖父（1980 年 6 月 8 日）。

病情突然恶化是在 6 月 12 日的凌晨两点左右。父亲打电话告诉在香川的母亲："父亲已经不行了。对不起……我会在他身边陪他走完最后一程的。"接到电话后，母亲就开始研墨手抄佛经。

母亲当时 38 岁，代替外祖父坐镇香川负责选举的时候，养成了以抄佛经平静心情的习惯，其内心也比常人更为坚定。万一真有不测的话，那至少也希望少受些痛苦啊。她一边心里默默祈祷，一边不停地抄佛经直至次日清晨。当她收到外祖父于拂晓前去世的消息后，想到的第一件事情是必须向平时关照有加的人们表达谢意，因此立即前往选举事务所，向睡在那里的秘书长及帮忙打理一切的女士们一一致谢。作为政治家的女儿，在沉浸于悲痛前还有许多必须要做的事情。她不单单是我的母亲……

从高松机场回东京最早的航班已经预约满员，但其中有两名不知名的乘客将席位让给了母亲和二舅大平裕。当母亲他们终于赶到虎之门医院时已是上午 11 点，据说当时外祖父已经入殓。这真是令人失望。在医院的太平间内，圣提摩太教会（St. Timothy's Church）的牧师已做了祷告。

我接到讣闻时大概是上午 6 点之后，父亲在电话里说："外公去世了，所以满子和光一今天都向学校请个假。"

紧接着没过多久，又有个不知名的电话突然打过来问：

从虎之门医院抬出的外祖父灵柩（1980 年 6 月 12 日）
照片提供：读卖新闻

"决定由森田代表大平参选了，有没有迄今为止的简历？"我是从这通电话中得知外祖父去世后，父亲森田一被定为众议院香川 2 区议员的接班人。

如果候选人在竞选期间去世的话，规定只要在投票日的 3 天前就可以重新推出候选人（当时的投票日是 6 月 22 日）。据称时任自民党副干事长的田中六助建议，"时间还来得及。就让女婿森田出马吧"，于是父亲就被推选出来，外祖母随即也同意了。

如果可以的话，我本来想赶去虎之门医院，但想到我现在优先的应该是帮助父亲参选，因此在没有和任何人商量的情况下，赶到父亲当时所在的大藏省等着开门，查清楚父亲进入大藏省后的工作经历。之后，我又想到竞选的海报需要用到照片，因此预约了一家附近的照相馆拍照。正好父亲为了各种准备工作先从医院返回，于是两人一起去照相馆拍完照后，让父亲先回家了。

上午 11 点 40 分，灵车驶过了照相馆所在的濑田的十字路口。这是载着从医院回家的外祖父的灵车。我呆立着一动不动，一个人静静地望着灵车远去。泪水模糊了双眼，天上传来了直升机飞过的声音，好像是电视台为了转播动用的。一听到飞机传来的叭叭、叭叭叭的声音，我至今仍有种不祥的感觉。

3

『女孩子快点嫁人』

—— 独生女儿芳子的结婚

1961 年 10 月 30 日，由于还在国会的会期之中，在东京宫廷宾馆举行的森田家与大平家的婚宴采取了简化的立餐形式。

那也许是体现了外祖父一心想要两人快点成婚的心情。因 1960 年安保运动岸信介内阁下台后，第一次池田勇人内阁成立，外祖父时任官房长官，据说为了确保婚宴会场，亲自打电话给酒店称："我是官房长官大平，因为我女儿要结婚了，所以会场的事情就拜托了。"

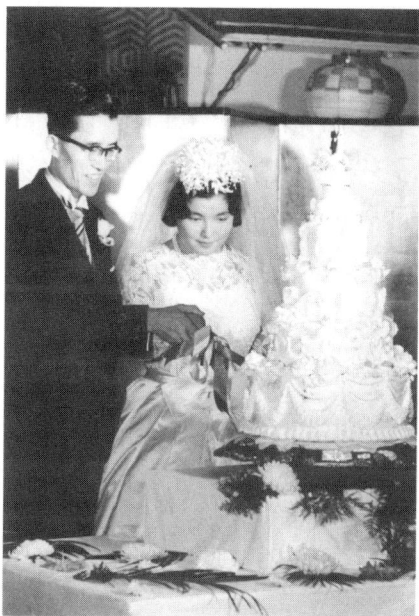

森田一、大平芳子
的婚礼

　　婚宴的主宾是首相池田勇人夫妇，媒人是森田家乡的香川县坂出人、原大藏省官僚津岛寿一夫妇。我家还留着当时拍摄的录像。在钢琴与弦乐器现场演奏的结婚进行曲中，新郎、新娘入场。当时新郎森田一27岁，新娘芳子19岁，她还只是青山学院大学的二年级学生。

　　两人3年前迎来金婚庆典时，初次观看了当年8毫米胶卷拍摄的婚礼录像。当时还是大学生、年仅19岁的母亲还很娇滴滴，十分可爱的样子。

池田首相的祝词称，家庭生活中重要的是宽容与忍耐，这与池田内阁的口号相同。而大藏大臣水田致辞时表示，妻子最初的教育是肝和肾。① 两人均在致辞中灵活运用了自己的经验，引来了阵阵笑声与掌声。而祝酒干杯的嘉宾是被称为电力之父的松永安左卫门。时逢经济高速增长时期，会场萦绕着盛大且欢快的气氛，让人感到前景光明。

外祖父急于促成这门婚事，背后有其原因。森田来自同乡香川县的选区，又进入了大藏省，外祖父本来就对这个青年青眼有加。森田的母亲奈须惠女士是毕业于东京女子医科大学的女医生，也是外祖父的忠实支持者。当时的来龙去脉，作为政治记者曾出入大平家的岩见隆平在《总理的女儿》中有详述。

当地后援会的干部向外祖父的秘书提出想要撮合森田与芳子，但秘书以"我们家小姐是要许给财界的有钱人家的"为由回绝了。不过后援会的干部并没有放弃，而是锲而不舍地又向外祖父直接提议。与外祖父是同乡、前途有望的大好青年与大平独生女的结合，对于熟知双方情况的

① 日语"肝肾"的谐音为重要的意思，此处一语双关。——译者注

后援会干部而言，这自然是最佳的组合。果然外祖父回答说："嗯，他能看上我们家孩子吗。"看来外祖父对父亲的评价似乎也很不错，就这样推动了两人的婚事。但外祖母志华子问母亲："明明是你结婚，你怎么想的啊？"外祖母也许是担心母亲太年轻了。据说当时母亲想的是外祖父既然这么高兴，一定是个不错的人吧。

当时，父亲被大藏省派往新西兰进修，而后援会干部给他写了封信，偷偷告诉他"听说大平家小姐对森田君念念不忘"。这简直就是标准"媒人"的口吻。就这样，这门亲事很快就敲定了。而当事人直到蜜月旅行时才知道整件事的真相。

在以前一次接受采访时，母亲曾说："关于结婚，从小时候起就没怎么认真考虑过。只是想'一定是四国人，在大藏省工作，和父亲说话很愉快的人吧'。因此和丈夫结婚后也完全没有生疏感。但好像只有父亲强烈地不想让我成为'剩女'。他平时那么慎重，只有那时真的是眨眼之间，很简单地就敲定了……"

外祖父对女性的看法相当传统。母亲曾应《妇人公论》杂志之请，写过短短的"父亲论"。"我并不是特别喜欢学习，但朋友都上大学，我也想再多学习一下英语，因此和父亲说想去上大学。但父亲却说女孩子不该去上大学，比起大学，你该赶快考虑嫁人的事情。尽管如此，我也是很倔强的，还是报考了青山学院大学，最后也考上了。"这段话被市川房枝（时任参议院议员）看到后，认为是蔑视女性而在参议院全体会议上向外祖父发难。

那是1979年1月31日的参议院全体会议，各党代表针对首相的施政方针演说进行了提问。市川向外祖父发问："总理的女儿芳子为《妇人公论》2月刊撰文《父亲大平正芳的点滴之间》，其中称'父亲从前就有个口头禅，女孩子不用读书，要做个可爱的女孩，然后早点去嫁人'（笑），如果真是那样的话，首相现在还兼任妇女问题企划推进本部长的职务，那我不得不说你欠缺这方面的资格，是不及格的（笑），那么我想问首相现在的妇女观，或者说作为本部长的决心是怎样的？"

而外祖父也以愧疚的表情回答道："我对女儿说早点去嫁人，的确是事实（笑）。作为她的父亲，我希望她尽早地找到良缘，稳定下来，因此才说'女的不需要学问，该早点嫁人'这样不成熟的话（笑），虽然这足以引来批评，但是作为父亲，希望女儿早日成家，追求女性的整个幸福（鼓掌），父亲的这种心情你应该可以理解吧。至于对女性的认识，这里虽然好像男性占了多数，但比起男性来，女性对待事物更加诚实。尤其是孕育孩子的宝贵人生经验，是男性所不具备的。我十分尊敬女性。"

参议院顿时陷入哄堂大笑。外祖父在国会上的答辩幽默十足，妙趣横生，留下了许多逸事，我想这应该是其中最出色的一个。

据说引人注目的这篇文章的作者当时正在睡觉。全体会议结束后，外祖父的一名亲信向他说："今天的对答充满了人情味，光听着就非常开心。"外祖父感慨道："也许是因为你没有女儿所以不明白，有女儿要操很多心。男人在选择结婚对象时，提出'长得漂亮'的条件不是很普遍吗。我们家的芳子和我很像，不是颜值很高的那种。所以做父母的就是想趁她还水灵的时候，早点找个好对象啊。"首相在参议院全体会议的场合提到女儿，这可是前所未闻的事情。

那件事已过去了 35 年，即使今天的国会内女性议员也并没有明显的增加。从最近女性议员的活跃程度来看，是否只有我感到并未发生天翻地覆的变化？可能是选举这一民主主义基础系统的作用吧，只有女性议员套裙的鲜艳颜色令人印象深刻。

在参议院全国选区中首个当选的艺人女性议员是当时在电视的专题节目中担任司仪、曾以"李香兰"之名蜚声的山口淑子。据称将她推上选举前台的田中角荣直到最后还是称呼她为"李香兰"。

　　同为女性，我衷心希望既有生活情调又带给人普通感觉的女性议员能够更加活跃。这件事想必在天国的外祖父也不会有异议的。

4
52岁的外务大臣

　　1962 年池田勇人再次当选自民党总裁，由曾任官房长官的外祖父来拟定组阁人选。当时，我父亲森田一正在大藏省主计局工作，突然外祖父吩咐他"接下来我要去田中的府邸，你也接着来"，就听从外祖父的指示在点心盒中装入 500 万日元前往目白。当时，田中角荣任自民党政调会长，据说外祖父和父亲居然是越过田中家的栅栏进入的。他们在未被田中的跟班记者发现的情况下顺利进入田中家，父亲在另一间屋子里一直等到两人会谈结束。外祖父向政调会长田中提出的组阁方案是由田中任大藏大臣、自己任外务大臣。

后来口述史的专家、政治学者御厨贵曾向父亲询问究竟是怎么翻越栅栏，那栅栏的样子如何，父亲回答称已经记不清是什么样的栅栏了。在点心盒里装入 500 万日元的现金，这也太活灵活现了，但对当时的田中角荣而言，这笔现金或许并不出奇。因为身为派系的领袖，门下需要照顾的人也很多。然而，这对于理解如今仍存在政治与金钱的问题，倒不失为一个生动的例子。

池田首相一度对外祖父提议田中任大藏大臣的提案示以难色，但最后还是认可了。而外祖父与田中拟订的组阁方案遭到了与池田对立的大野伴睦等人的反对，两人索性在官房长官室闭门不出以示抗议。当时，外祖父就打着呼在那里熟睡，田中角荣吃惊的同时又深感敬佩。之后，以提议起用大野派的新人才化解了大野派的反对。就这样，第二次池田内阁成立，外祖父出任外务大臣。女婿森田一以大藏省外派的形式出任外务大臣秘书。

52 岁的外务大臣搭配 28 岁的秘书，开始了齐心协力的外交工作。据说去外务省上班的第一天，外务事务次官武内龙次拍着外祖父的肩膀说："大平君，太好了啊。"这是因为两人每星期都在国际形势的讲座中见面，关系十分亲密，但也表明外祖父当时很年轻。

这一年的 8 月 17 日，我出生在日本医科大学医院。母亲当时年仅 20 岁，我是父母的第一个结晶。虽然母亲像外祖父那样体格结实，但也许是我还没准备好来到这个世界，据说分娩的过程十分艰辛。医生组（好像都是名誉教授及名医组成）决定采用产钳分娩，把我从母亲的体内牵拉出来。因此，样子自然不好看，就连恭维可爱都称不上。外祖母见到后感到很失望，叹着气说："哎呀，这……"父亲就对她说："为了这孩子的陪嫁钱，我以后会努力存钱的。"

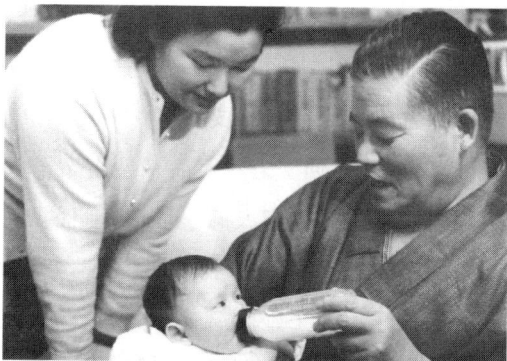

刚就任外务大臣的外祖父、当时还是大学生的母亲芳子与笔者

作为新任外务大臣，整日忙碌的外祖父在得知第一个外孙女出世后，马上决定取名叫"满子"。仅仅 2 秒就决定的

我的名字，实际上取自池田首相夫人满枝的一个字。满枝夫人在池田首相身患重病，返回老家疗养时悉心地照料他，后来成为池田夫人，外祖父对这位贤惠的夫人也是发自内心的尊敬。

20岁即"升级"做母亲的芳子，当时还是青山学院大学的二年级学生。作为大学生妈妈，她在校园里好像也小有名气。因为生育她休学了一年，随着我的出生，香川县坂出的森田老家也派来了一位保姆田中时代。她当时60岁，比我年长五轮，也是属虎，我叫她婆婆。当发生尿床等糗事时，我不是去找母亲，而是哭着找田中婆婆。另外，据说母亲毕业后有一段时间以去学校为幌子出去玩，这也怪不得她，因为母亲也才刚迎来成人仪式。①

婆婆到了70多岁时回了老家，后来还出席了我的婚礼。在介绍亲属时，婆婆是作为家人的一员被介绍的。她对着我丈夫深深地低下头说"小姐就拜托了"，并送上祝福。婆婆去世时，我代表森田家捡了她的遗骨。身处政治家庭这一特殊环境，在父母忙碌又无法照顾周到的情况下，我能够健康成长多亏了婆婆。

---

① 日本为年满20岁的男女青年作为身心发育成熟的成人得到社会承认而举行的仪式，20岁也是法律意义上的成年人，因而负有种种权利和义务。——译者注

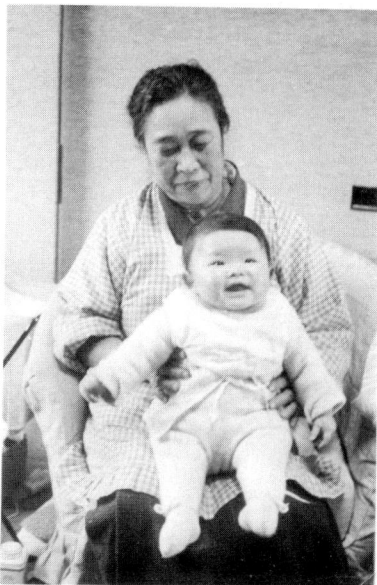

田中时代婆婆与
笔者

　　我出生一个月后的9月，外祖父为出席联合国大会而出
访美国。在肯尼迪总统主持的宴会上，外祖父向在会场入口
处迎宾的肯尼迪总统高兴地介绍："这是我的女婿森田，是
我的秘书。"谁又能预想到一个月之后的古巴导弹危机，而
一年后又发生了肯尼迪总统被暗杀的悲剧啊。父亲充满怀念
地对我说，宴席上肯尼迪总统的演说极为精彩。

5

恸哭

—— 长子正树之死

每个家庭都有喜悦和悲伤的时候。大平家最悲痛的时刻莫过于长子正树的去世了。1964 年 8 月 6 日，他的生命定格在风华正茂的 26 岁。大平正树患的是被称为"贝却敌症候群"的难治之症，全身的神经会逐渐麻痹，直至现在也没有有效的治疗方法。病发后虽然尝试了各种疗法，但不久就右眼失明，并侵蚀到手脚的神经。当时外祖父担任第二次池田内阁的外务大臣，正树在外祖父的建议下辞去了毕业后就开始的在神崎制纸的工作，正要作为外祖父的继承人迈出第一步。

正树去世 50 年后的 2014 年 7 月，由我们遗属、近亲及其高中、大学的同班同学约 50 人在东京会馆举行了正树去世 50 周年纪念仪式。正树在庆应大学就读时曾倾注了极大热情创设合气道部，当年出身东京大学合气道部、与其同龄且交往密切的龟井静香也赶来参加，流着泪讲述了与正树的往事。我负责制作了回顾 26 岁即英年早逝、还未成婚的舅父一生的视频。这是我利用自己长期在电视台制作节目的经验，用心制作的一个作品。配合着影像，外祖父的三子、正树的弟弟大平明朗读了外祖父怀念正树的文章。虽然事先已经交给舅父这段视频和文章，但他不管练习了多少遍仍然泪如泉涌、泣不成声，使得我不能顺利录制。但我深深理解这种心情，因为负责录制视频的我同样也是一边哭着一边在制作。外祖父讲述正树的文章是如此的直入心扉。以下即摘引其中一段。

他虽然不是出生在香川县，但一直强烈地认为自己是香川县人。学生时代也趁放假的时候经常回来扫墓。

他似乎打算尽情地欣赏赞岐的春天。正好有一次途中他在坂出市的亲戚森田家借宿。而森田夫人又恰好是眼科医生，发现正树的眼球有原因不明的出血，提醒他不容轻视，因此急忙返回东京。回来后在东京大学医院接受诊疗，才发现这是被称为"贝却敌症候群"的世界知名难治之症。那时起就立即住进东大医院努力进行治疗，但病情一日日地恶化。我们也在东大的治疗外，想尽各种办法，尝试了注射、用药、服药、指压、按摩乃至祈佛保佑等各种手段。

然而在那之后眼球的出血并未止住，终于到了右眼接近失明的情况。症状也逐渐侵袭到下肢神经，在行走中也出现了好几次失去平衡摔倒的状况。但每次正树都默默地含着眼泪，没有说任何抱怨的话。明明躺在病床上一天天地在与死神作最后的搏斗，他却一味地担心我的健康，还详细地叮嘱家人要注意我吃饭和睡觉的时间。他也一再地劝我尽可能地早日辞去外相这一繁重的工作。（摘自『私の履歴書』）

不管谁都认为正树是一个稳重的大好青年。他对不幸的人深怀同情，听说在读大学时为了帮助无视力的高中生，每周都去护国寺附近的盲人学校，念书给他们听。如果家里的

外祖父与舅舅正树

佣人和自己家人之间在饮食或者其他待遇上稍有差别，他都难以容忍。据说他还省下自己的零用钱，多年来一直为经济条件不佳的朋友资助学费。

像正树这样的人，如果成为外祖父的接班人将会成为怎样的政治家啊。我想他一定会为理想与现实之间的鸿沟而深感痛苦吧。得病两年后，正树终于撒手人寰。

1964 年的春天逝去后，迎来了绿荫葱葱的 5 月。东大医院由于开始了改建工程，环境变得十分嘈杂，于是改为让他在安静的家中疗养，请主治医师出诊，由我办理了出院手续。之后病情没有任何好转的迹象，视力不断衰退，手脚的神经也逐渐被侵蚀。但即便如此，他的心情也没有受到影响，比起自己的事情来，总是考虑别人的事情，始终鼓励大家。8 月 5 日至 6 日，病魔终于决定性地侵入他的内脏，6 日下午 5 点，在高烧中的正树最后留下"我要去旅行，快准备鞋子"的话语后不久，引发心脏停博，在我们家人的守护中终于离开了人世。

与正树的永别。这是我做梦都没有想到的事。然而，它已变成了无情的、难以改变的现实。作为凡夫俗子的我失去了活下去的希望与热情。对于我而言，他几乎是我的一切，没有任何东西可以替代。这巨大的悲痛悲愁宛如一把锋利的刀刃，至今仍在刺痛我的胸口。即使岁月流逝，但那把刀刃依然锋利。（摘自『私の履歴書』）

这篇文章是正树去世两年后写成的。正树去世那年恰逢东京奥运会召开，外祖父一直辅佐的池田勇人首相也在同一时期患上了癌症。作为外务大臣必须全力支撑池田内阁之际，外祖父甚至无法如愿照顾日趋衰弱的儿子。据说此时代替外祖父时常鼓励正树的是其盟友田中角荣（时任大藏大臣）。当时田中来探病时经常带一般老百姓还买不起的奢侈品——香瓜。据称尽管正树十分感谢田中的探望，却说"我什么时候都能吃到"，每次都把香瓜分给其他患者。

正树去世的那天，外祖父像瘫了一样失魂落魄，田中角荣安慰他说"振作起来"，并一手操办了葬礼。临近下葬的某一天，据说外祖父突然说"拿尺子来"，测量起正树墓上十字架图的尺寸。墓石的背面刻着"亦父亦友大平正芳"几个字。驶过因东京奥运开通的高速公路，正树被安葬在多磨灵园，而池田勇人首相也在东京奥运开幕式当天宣布退出政坛。

或许是过度悲痛，外祖父母将正树的所有遗物都赠给了友人，连照片装饰、法事等都没有做。据说外祖母志华子曾向好友言及"甚至想忘记生下正树这件事"。

对于我而言，关于舅舅正树的回忆既悲伤又难忘。我出生的头两年，舅舅十分宠我。在他和疾病斗争、逐渐失明的日子里，还留下了将他的眼镜给我戴上逗我玩耍的照片。时间是治愈伤痛的一剂良药。前年①完成正树的 50 周年祭后，我感觉总算可以告一段落了。这也是比我更深深怀念兄长的母亲的心情。

---

① 2014 年。——译者注

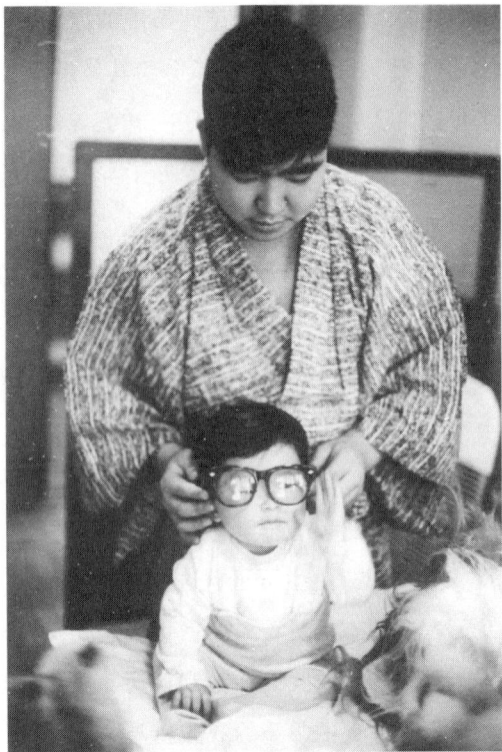

疗养中的正树舅舅与笔者

6

田中角荣的眼泪

　　1970 年，日本为大阪世界博览会的召开举国沸腾。我当时是庆应幼稚园的二年级学生，暑假时和家人一起去大阪世博会，排着长长的队伍参观"阿波罗号"带回的"月球之石"。

　　一路上扬的经济增长推动了电视行业的繁荣，为迎合大众的需求兴起了不断的造星运动。新御三家①之中，我是西

---

① "新御三家"是日本 1970 年代的人气偶像歌手乡裕美、西城秀树及野口五郎三人的称号，仿效了之前的桥幸夫、舟木一夫及西乡辉彦"御三家"的称号。——译者注

城秀树的粉丝，但对当时自民党干事长、铁腕政治家田中角荣的崇拜不亚于晶体管时代的偶像明星。有时我会在外祖父家见到田中，而他走过来时会让我感到一种雷厉风行的气势。那应该是一种"气质"吧。

我平生第一次见到男人号啕大哭，那是大阪世博会过了14年的1984年8月6日，在虎之门的大仓酒店举行舅舅大平正树去世20年祭的时候。虽然外祖父已于4年前辞世，但在外祖母志华子的坚持下，正树的20周年祭如期举行。

这一时期因疲于应付"洛克希德事件"的公审，派系内部的团结也开始出现动摇，也许是由于酒量见长，田中看上去非常疲惫。他在致辞中一直流着泪讲述了与26岁即病逝的舅舅正树的交往。当他听到正树打算在成为外祖父的见习秘书前周游世界后，阻止称"不要去非洲！不知道会染上什么疑难杂症的"，但正树还是无论如何想去领略一下世界而出发了，回国没多久就得了"贝却敌症候群"这个难治之症。受到田中满怀怮哭之情的致辞感染，包括我在内的在场者都哭了。

田中先生的长子、生于1942年的正法在5岁时因故去世。据称痛失爱子的打击使得田中异常悲痛。田中先生也许是将对正法的感情投射到了正树身上。不难想象，长子夭折后，他将深深的爱给了小一岁的爱女真纪子。

在舅舅正树 20 周年祭致辞的田中角荣

　　实际上舅舅正树环球旅行的前半程，即至美洲、欧洲的那段是与包括田中真纪子在内的其他友人同行的。外祖父与田中先生各自最爱的儿子与女儿结伴旅游，这也佐证了彼此之间深厚的信任。

　　我刚进入日本电视台工作时，有一次为了年终的特别节目而拜访田中真纪子，请她在节目中客串。那天我向走出国会会场的真纪子打招呼："初次见面，我是日本电视台的渡边满子。是大平家森田芳子的女儿。"话音刚落，真纪子一下子就想起来二十多年前的事，说道："啊，你是没有后脑勺的满子？我从正树那里常常听说你的事啊！"也许是舅舅向真纪子说了刚出生时我的头型难看的事吧。当时，我想到的是真不愧是田中角荣的女儿，遗传了其父如计算机般精确的头脑。不过那次客串的请求最后并未成功。

田中角荣与外祖父的相遇，始于日本致力于战后复兴的1947年。田中首次在众议院选举中当选，外祖父则从大藏省被派往经济安定本部任公共事业课长，从事日本政府与盟军的交涉。作为新当选的议员和年轻的官僚，两人都在感到GHQ（驻日盟军总司令）压力的同时，努力从事战后的复兴工作。之后，1952年转而从政的外祖父首次当选议员，作为政治家两人又开始了相互扶持的生涯。由于外祖父不擅选战，每次大选时田中都会赶来声援。田中曾撰文回忆当时的情景。

他的演说类似宗教大学的学者，格调很高但很实在很认真，在街头演说时是无法掀起大平旋风的。有一天傍晚，站在街头宣传车上的他满身灰尘，脸色黝黑。我站在他身旁，手握话筒，开始演说。"各位，代表香川的人才层出不穷。弘法大师是当仁不让的第一人，然后是三木武吉，还有被吉田茂称为曲学阿世之徒的东京大学校长南原繁。各位！好好看吧，站在车上的这位大平正芳君，不正是活生生的铜像吗？不久他就会成为代表国家的有为人才，成为比肩弘法大师的四国讚岐的骄傲啊!"那天很晚回到住处的大平蹦出一句："完全被吓坏了呀。腋下都出了冷汗。"

选举时，他的爱女芳子和长子正树轮流代替他在竞选大会上进行演说。每当想起这，我就觉得大平真是幸运，有那么好的孩子，直到现在我还是很羡慕他。（摘自『大平正芳回想録 追想編』）

这篇文章是外祖父去世半年后写成的。随处可感受到田中的真情流露，也见证了两人深厚的友谊。

性格迥异的这两人，在家庭方面有什么不同呢?

田中的夫人花子比他大 8 岁，还有一个前夫的孩子，几乎一生都没有走到前台。据说两人结婚时，花子曾要求田中立下 3 个承诺。

（1）不准赶她出门。

（2）不准踢她。

（3）将来富贵了要相伴到老。

我想这并非花子说的话，而是田中向自己立下的用以自戒的誓言吧。

大平夫妇虽然是通过相亲结婚的，但据说新婚当晚两人就约定："从今以后会经历很多事情，我们至少要做到都不说彼此家庭的坏话。"生长于不同环境的两个人在构筑新的家庭时，当然会出现很多困难的问题，而我也吸收了他们的智慧，与自己的丈夫做了同样的约定。多亏这，我们才顺利地迎来了银婚纪念日。

田中角荣多在周末来找外祖父。有一段时间，他时常寂寞地念叨着："真纪子不让我见外孙啊……"真纪子想必清楚不让田中见外孙对他而言是最难受的事情，这应该是真纪子式的"罢工"吧。那时候，招待田中的就是大平家的晚餐惯例——"寿喜烧"。外祖父酷爱"寿喜烧"，每当他嘀咕着"想吃些美味的东西啊"，家里人问他吃什么好时，他就考虑一会儿，最终总是说"就寿喜烧吧！"那时我还是孩子，总觉得这样的对话好似充满了禅机。

然而，这两人的"寿喜烧"风味却天差地别。田中是新潟县人，口味偏咸，喜欢拼命地放酱油，而外祖父好吃甜味，就不停加糖……最后简直成了佃煮，根本没法入口了。更绝的是讚岐流的外祖父会在"寿喜烧"中加入萝卜。萝卜煮开后变成米黄色时就可以吃了，但性急的田中总是等不及。这虽然比不上煮年糕，但"寿喜烧"也是根据各家特色做法不一的吧。这就难怪两人常光顾的新桥的日料店分别为他们准备了两种"寿喜烧"。再加上田中喜好饮酒，外祖父却滴酒不沾。我家里人也不是很会劝酒，田中吃到最后生气地说："这家人真是一点都不机灵！"如果我当时年纪再大一点，应该会好好敬酒的，想到这心里不免充满遗憾。

作为胸怀高远的政治家，田中角荣考虑的政策也往往气势恢宏。最初出马参加选举时，为了改善越后的人们苦于大雪的生活，他在演说时称："大家听着，我要把新潟和群马相邻的三国峠移走。这样的话，日本海的季风就能穿过太平洋一侧，越后地区就不会下雪了。大家就再不用遭受大雪之苦了啊！什么？移山的土就运到日本海去，用来填海和佐渡陆地相连就行了呀。"（摘自『田中角荣』）

这就是著名的三国峠演说，我想这是土木建筑业出身的田中角荣才有的豪气万丈的构想吧。有一次，他还说道："年轻时我在新潟的工地劳动时，有一个爷爷这么对我说：'土木工人是最伟大的艺术家。以巴拿马运河连接太平洋与大西洋的也是土木工人。他们是地球的雕刻家。'"（摘自『田中角荣100の言葉』）

不断冲击民众心理的田中终于登上政权的核心宝座，这次又把世界第一的美女带到了日本。1974年4月，著名的"蒙娜丽莎"登陆日本。这是上一年田中出访法国等欧洲各国时推行资源外交的成果。当时的法国总统乔治·让·蓬皮杜和文化部部长安德烈·马尔罗也给予了支持。对于法国的这一英明决断，田中角荣致谢称："也许有人担心日本的首相来拐骗法国最美的美女，但我承诺一定以相称的规格迎接，不会让任何人染指，最后再原封不动地返还。"这真是具有田中风格的致辞。当年"蒙娜丽莎"由日本航空公司的专机运来日本，并在东京上野展出，前往欣赏的参观者共有150万人次。而恰在十多年前的1962年，"蒙娜丽莎"赴美展出，当时迎接她的是美国总统肯尼迪。美女总是和权倾天下的男子相配。除了美国和日本，法国这一骄傲的美女再也没有去过海外。

田中政府上台前，据说外祖父曾认真地劝说田中："不如把目白的房子处理掉，搬到小一点的地方去。"但田中回答道："如果那样的话还不如不成为首相。"另外有件事是听长年担任外祖父秘书的父亲说的。外祖父曾吐露过："如果自己比田中先当首相就好了啊……"我想这不仅是因为外祖父考虑到自己比田中年长，也是综合各种情况，认为那样的话会更加顺利。

最终外祖父出任了田中内阁的外务大臣。关于当时的情况，熟知外祖父的作家辻井乔在其传记小说《茜色的天空》中有如下记载。

尽管宏池会中认为大平应出任干事长的意见占多数，但大平那么决定的理由之一是，他认为田中首相虽然在计算经济得失方面具有天才一般的能力，但涉及民族感情，贫穷的国家往往以此为豪且不容伤害。他担心田中不能充分理解对方国家这种心情，会采取冒失举动。田中因为依靠自身的努力跨越了这样的苦境而拥有自信，但反过来这也是他的弱点。（摘自『茜色の空』）

成为首相的外祖父因病倒下，当他的生命弥留之际，想见的人是田中角荣。当时的情况田中也写入了回忆录。

那天是大选之前在东京都内演讲的晚上。大平首相倒下了，我的心情一片黯然。因大选留在新潟的我于6月11日接到了大平的爱婿森田一秘书的电话，他说大平想见我，希望我找机会回东京。这就好像有预兆似的，我本已预定6月11日至13日前往东京。于是我更改了原定乘坐上越线回东京的行程火车，乘坐飞机于当天傍晚抵达羽田，但因担心突然去探病会给记者提供材料，就决定第二天12日一大早去医院，当天晚上我难得在自己家里喝上一杯就上床睡觉了。等第二天早上五点，森田给我打电话说病危时简直难以置信。当我赶到虎之门医院时，已经无力回天了。

我们彼此相交三十多年，他最后一定想托付我一些事，而我也是为了这回到东京，结果却阴差阳错，未能在他临终前见上一面，说上一句，这究竟是为什么呢。时光流逝，这件事始终在我脑海中挥之不去。也许这辈子我都不会忘记这件事吧。（摘自『大平正芳回想録追想編』）

据说接到通知赶到虎之门医院的田中对着主治医生循环器部长山口洋含着热泪责问："为什么没能救活大平的命？"

外祖父见田中究竟是想说什么事呢？是关于选举的情况及政局吗？不，我想外祖父只是想见一下挚友吧。

相识 33 年，从初次见面时开始，据说他们已彼此赏识对方为"这人将是得天下的男子"。"性情相投"正体现了两人的关系，他们都被对方身上拥有的自己所缺的个性吸引。这是依靠深厚友谊和强有力纽带相连的两个人。

7

日中邦交正常化

　　1972 年日本寻求与中国恢复邦交时，持反对意见者居多且阻力十分强大。国会上讨论的混乱，不仅是因为在野党，更来自执政党自民党内右派势力的顽强抵抗。这段往事直到现在还常被提起。不仅如此，右翼的街头宣传车连日来到位于濑田的外祖父家门口，用扩音器大声进行谩骂。当时我年仅 10 岁，只能关紧家里的防雨窗，静静地等着他们离开。

　　继池田内阁以来，外祖父当时在田中内阁是第二次出任外务大臣，他全力以赴推动日中邦交正常化。这也是战后日本的一大政治课题。

1972 年 9 月 25 日，为交涉两国邦交正常化，首相田中角荣、官房长官二阶堂进及外祖父一行起程前往北京。当天早上，大平家弥漫着紧张感和悲壮感，处于一种奇妙的静寂之中。政府一行的成员中还包括从大藏省调派担任外祖父秘书的父亲。田中首相在严密的护卫下前往羽田机场，而外祖父先派出一辆车进行迷惑，本人乘坐的车则在数分钟后出发。

当时反对的声音还很强烈，从今天的角度看极有可能发生类似恐怖事件的危险，因此万一有什么，这或许就是最后的告别了。家人虽然嘴上什么都不说，但已做好了心理准备。

关于当时的情形，田中真纪子在接受纪念日中邦交正常化 20 周年的电视特别节目采访时曾介绍："父亲一直对我说必须要广泛地了解世界，也是这么培养我的，实际上父亲每次出访时都带着我，我理所当然地认为这次也会和他一起去中国，但父亲说：'这次你留下来……因为我是赌上一条命去的。'我就留在了日本。"

母亲芳子也在同一节目中透露："父亲虽然没有说'好好守住这个家'那样的遗言，但还是说了该说的话之后出发的。"对于母亲而言，父亲和丈夫一起去中国，她的心中自然无法保持平静。事实上，威胁着要"杀了你"的恐吓信也寄到了首相和官房长官的手中。

在戒备森严的态势下，首都高速公路 3 号线被完全封锁。在无声地闪着红灯的警视厅巡逻车开道下，外祖父的车与警卫车以及载有我们家人的车队驶向羽田机场。那个场面就像电影中的一幕，直到现在还深深地映在我的脑海中。羽田机场 22 号登机口前挤满了众多来送机的人，极为罕见的是甚至连在野党的干部也在其中。

当天上午 11 点半，飞机降落在北京首都机场。据说当地气温 20℃，迎接他们的北京晴空万里、澄澈明净。

欢迎仪式结束后，田中一行前往住处。据说他们乘坐中国的"红旗"牌高级轿车，从机场前往天安门广场的大道，每隔 100 米就有警察站立。由于两国此前未建立邦交关系，这次又是日本人首次入住迎宾馆，因此他们入住的 18 号楼前插上了日本国旗。而这之后四天艰难的交涉过程，在服部龙二所著的《日中国交正常化》一书中已有详述。

恢复日中邦交是外祖父成为政治家时一直立志实现的夙愿。当外祖父还是 20 多岁的大藏省官僚时，曾只身在中国的张家口住过一年半左右。那时正值日中战争之际，他结婚后长子正树出生，妻子志华子也正怀上第二胎。他所住的地方靠近内蒙古，几乎见不到树木，满是黄土色的乡村氛围。

我想他当时应该目睹了日本军部的横行霸道，于是在心中滋生了对中国人的赎罪意识。实际上在两国邦交正常化的谈判中，他也曾将当时的回忆赋诗一首赠予中方的外交部部长姬鹏飞。据说这也加深了两人之间的信任。

谈判一度濒临决裂，在交涉中牵涉的最大难题是"台湾问题"，即应在何时、以何种形式宣布废除"日华条约"。外祖父认为，如废除"日华条约"，极有可能遭反对势力的毒手。但如不冒这一风险，又无法与中国建立和平友好的关系。

在双方终于达成一致后，姬部长说道："作为两国友好的证明，希望向日本赠送这一礼物。"随即递来的纸上写着"大熊猫"三个字。外祖父问道："这是熊吗，还是猫？究竟是什么样的动物？"姬部长微笑着说："在外国这被称为熊猫（Panda），是我国特有的动物。"经双方约定，10月底两只大熊猫康康和兰兰首次登陆日本。之后两国关系被友好的氛围所包围。但从中国返回的飞机上，作为秘书同行的父亲森田一听到外祖父说："现在都是友好气氛，好像很热闹，当30年后、40年后中国实现经济增长的时候，一定会有难题发生啊……"而事实证明他的预测是完全正确的。

也许是因为不太擅长搞清是非黑白，或者是不愿意去分清吧，外祖父一直都记不住"大熊猫"的名称。他每次都会问："对了，那个，黑白相间的熊，叫什么来着？"

邦交正常化谈判结束后，周恩来总理、田中首相、二阶堂官房长官、外祖父在北京飞往上海的专机内相对而坐。实际上据说田中首相在北京的交涉结束后，希望立刻返回日本，不参加原先预订前往上海的行程。这是因为他在意日本国内反对邦交正常化的动向。但周总理执意邀请田中前往上海，这其实有其自身的考虑，而当时日本方面并不知晓。原因在于张春桥等"四人帮"的"文化大革命"中心人物当时坐镇上海，为了向政治对手昭显自己的政治成果，周总理无论如何想让日本的一行客人访问上海。①

或许是意识到外祖父与姬鹏飞的外长会谈在前往万里长城途中取得了很大进展，田中首相表示："希望与周总理一起搭乘飞机前往上海。"对于这略显勉强的要求，日本外务省也表示很为难，但在周总理的安排下，最终还是得以实现。原先预定在专机上也要举行会谈，但田中首相在飞机起飞后就睡着了，周总理贴心地为他盖上了毛毯。北京至上海的飞行时间虽然不长，但中国的总理与日本的首相竟然乘坐同一架飞机。从近年的国际形势与风险管理角度来看，这简

---

① 此为作者的观点，请读者明辨。——译者注

直是难以想象的事。实际上，在与"四人帮"的斗争最为激烈的时期，周总理原本搭乘的飞机被安上了炸弹在空中爆炸了。据说幸亏周总理事先接到匿名电话，警告称"不要乘坐原先预订的飞机"，这才逃过一劫。[①]

在途中，周总理从飞机上指着一片广袤的大地，略带兴奋地介绍说："这一带就是我的故乡江苏省。"怀念故乡的心情不分国界，对政治家而言，乡愁与对故乡的爱也许会映射在自己最核心的政策中。正如田中角荣的日本列岛改造计划，外祖父的田园都市国家构想……

在上海的招待会上洋溢着祝贺的喜悦气氛，田中首相或许是想犒劳外祖父，点名外祖父与周总理干杯。结果，滴酒不沾的外祖父向同桌的所有人敬酒，干掉了 10 杯以上的茅台酒。在会场他勉强支撑住了，但一回房间就穿着西服倒在了床上，据说作为秘书的父亲解开他的领带就费了很大的劲。

次日终于到了要返回日本的时候，周恩来与田中角荣紧紧地握住手。在临别致辞后，等周围的人都走开，临上飞机前周总理拉住田中首相说："请向日本的天皇陛下致以问候。"对周总理要求转达的这一重要口信，田中感动至极，

---

① 实际是周恩来因阑尾手术改变行程。——译者注

回答道："太感……谢……"他感慨万千，甚至未能说完那句话。

邦交正常化谈判时，周恩来已身患癌症，并于四年后的1976年1月8日逝世。而天皇实现访中是在建交20年后的1992年。在此之间日本的年号也从昭和变成了平成。

外祖父后来就当时的情形回忆称："政治家的价值是在自己与国家民族成为一体，或是将要成为一体时感受到的。当时党内虽然反对日中恢复邦交的声音很强烈，但现在回顾起来，还是觉得身为政治家很好啊。"（《朝日新闻》1978年11月10日）

当日中友好的象征大熊猫来到上野动物园引发热潮时，我还没有什么感觉，但长大成人后我希望能够从事一些能起日中桥梁作用的工作。而2008年北京举办奥运会时这个机会终于来临。当时我在日本电视台担任节目制作人，为了迎接北京奥运会需要策划关于中国的特别节目。那时我就产生了一种"舍我其谁"的自信。于是我就策划了题为《女性们的中国》的纪录片，聚焦日中历史潮流中坎坷波折的女性，并作为日本电视台建台55周年的特别节目播出。

节目中介绍了日中历史上命运坎坷的多个女性，其中对山口淑子进行了4个小时的专访。山口淑子以中文名"李香兰"成为家喻户晓的明星，历经战争的动乱年代，度过了波澜壮阔的一生。在节目中结缘后，接下来的几年里我与山口淑子一起吃饭、看戏，听她讲述了许多往事，如在上海租界生活时的事情，战争结束时的混乱与绝望、后悔，在日本的恋情及第二人生，还有田中角荣首相力邀其出马参加参议院选举，与外祖父一同在全国巡回演说的事。对这位"艺人议员"的先驱，据说田中角荣直到最后都以"李香兰"之名称呼她。山口淑子曾对我说："和平并不是理所当然的，我一直经历了那样的时代啊！"以两个名字生活于日本与中国这两个国家的人，她说："为了不在历史的歧路犯错，个人与国家都必须好好思考认同问题。"2014年9月7日，得享天年的山口淑子逝世，享年94岁。

外祖父曾说，日本与中国就像是"年三十"和"大年初一"的关系。在对待文化和个人的生活方式方面，不同之处远比相似之处多。正因如此，才需要忍耐与努力，作为重要的邻国和平相处。（摘自『大平正芳　人と思想』）

现在我在一个非营利组织从事以电影为主的日中交流活动，而出发点正是1972年9月外祖父为"日中邦交正常化"谈判倾注的热情，以及好比双雄般的周恩来与田中角荣两人那次强有力的握手。

2014 年 1 月，一部题为《被遗忘的皇军》的纪录片在日本电视台深夜时段重播。这部 1963 年的纪实作品的作者，是 2013 年去世的具反抗精神的纪实主义者大岛渚。这部时长 30 分钟的纪录片聚焦在日韩国人中的原日军士兵。他们在战时加入日军，又在战争中负伤，在战后的动荡中却最终被排除在日本社会的保障制度之外。

策划此次重播的，是日本电视台报道局的铃木梓导演。

在该纪录片播放前，铃木导演打来电话说："我们目前正在对该片进行最后的剪辑工作。片中外务省出面说明的人说不定是满子女士的父亲。"当时为池田勇人内阁时期，外祖父担任外务大臣，父亲刚被外祖父提拔为秘书。

打来电话的铃木导演，是我过去在日本电视台工作时曾一起负责日本皇室特别节目的晚辈。日本开播电视已有60多年之久，此次的纪录片是"思考留给未来的电视"系列节目的一集。为致敬大岛渚导演，这档节目播放时未作任何删减且未插播广告。再加上对曾经参与纪录片制作的相关人士，以及是枝裕和导演和田原总一郎的采访，更凸显了这一作品的新颖之处。节目一开始的镜头便是在日本电视台的影像资料馆里，铃木导演亲手取出纪录片的胶片。而应该给未来的电视传递些什么呢，"入职第15年、一个孩子的母亲"，从画面的字幕中，我感受到了铃木梓对此次策划的良苦用心和决心。

看完这期节目，我受到了震撼。该片以1963年的首都东京为舞台，日本即将在一年后首次举办奥运会，正逐渐步入经济高速增长时期。而双目失明的独臂伤残军人身着白衣在街头募捐请愿，要求政府给予补偿，但摄像机记录下的却是无人搭理的现实。全片都充斥着大岛渚导演的愤怒。

"原日本军在日韩国人伤痍军人会"成员发起的请愿行

动最初前往的是首相官邸，但在那里吃到闭门羹之后，他们又将目的地转向了外务省。在外务省，只有请愿行动的代表人士被允许进入。而当时在外务大臣办公室一层出面应对的，便是时任大平正芳外务大臣的秘书、我的父亲森田一（时年 28 岁）。听了片刻请愿人士的陈述后，父亲只是回应称："诸位的问题，现状是只能交由韩国政府处理。"而父亲的这番话，也被当作是日本政府的见解原封不动地录在了节目中。恰恰就在此时，画面中载着前首相吉田茂的车经过外务省的大门前，若无其事一般扬长而去。这一幕实在令人印象深刻。在这之后，请愿人士前往大韩民国代表部，但也遭到了无视。他们在行进的途中手持"没有眼睛""没有手脚""没有职业"的自制横幅，摄像机用特写镜头记录下了因战争而失明的双眼溢出的眼泪。节目最后在"日本的人们啊！我们啊！这样行吗？这样行吗？"的解说中结束。

有关外祖父大平正芳的外交工作，如今也时常被言及，而他因在战后对韩国的赔偿问题中出色地发挥了自己的才干，从而得以在日韩两国的历史中留名。

1962 年 7 月，外祖父就任池田第二次改造内阁的外务大臣。11 月，作为日韩两国关系实现正常化的第一步，外祖父与时任韩国中央情报部长的金钟泌（后出任韩国总理）就对日索赔问题进行了谈判。

国家层面的对话并不能够立即改善每一个国民的日常生活，而政治的作用应当是通过不断的努力，尽可能去改善严峻的现实状况。而挣扎在理想与现实的夹缝中，便是政治家的宿命。当以自己的视角去审视外祖父和父亲的人生时，我的这种看法也日益坚定。

外祖父大平正芳降生到人世间是在 1910 年 3 月 12 日，恰好在这一年的 8 月，日韩合并。后来成为政治家的外祖父曾说，如果用一个字来概括日韩关系的话，便是"业"这个字。

字典里对"业"的解释中，有作为佛教用语的"业"表示"因果报应之事""因命运、限制、事情……无法驾驭的内心波动""前世报应"等概念。外祖父并非那种将事物简单化考虑的人，我想他或许是为了表现两国关系的复杂性，才用了"业"这个概念，以体现两国尽管一衣带水，国民互相之间却难以维持友好关系的状况。

背负着所谓"业"的两国战后赔偿交涉是分阶段展开的。1962 年 10 月和 11 月，外祖父两度会晤韩国中央情报部长金钟泌，最终就日本向韩国提供经济援助以代替赔偿达成共识，即"大平正芳 - 金钟泌备忘录"。此后，日韩两国在 1965 年 6 月正式实现邦交正常化。

然而，8 年后的 1973 年 8 月 8 日，流亡东京的韩国民主活动家金大中在酒店被强行带走，即金大中绑架事件，成为动摇日韩关系的一大事件。外祖父是在轻井泽度假期间初闻此事的。当时，外祖父说："我的直觉是此事关系到对日本主权的侵犯，是个复杂严峻的问题。"（摘自『大平正芳回想録　伝記編』）

事发 6 日后的 8 月 13 日，被蒙住双眼的金大中出现在了其韩国汉城的家中。当时，外祖父对身边的人谈及感想时说："好像感觉到自己家被什么人突然闯入一样。"（摘自『大平正芳回想録　伝記編』）

一方面，外祖父尽量避免让此事上升到政治层面，采取了等候日本警方侦查结果的方针，并与警察厅长官等人多次秘密协商。另一方面，田中角荣首相则希望以政治方式解决该问题。鉴于事件的特殊性，这种意见的分歧对于外祖父而言无疑是巨大的压力。

截至 9 月，警视厅特别搜查本部查明韩国驻日大使馆秘书与事件有关，因而通过外务省向韩国方面要求传唤该秘书，但当事人早已离开日本。当时，外祖父在会见记者时以沉痛的表情说道："日韩两国之间有着灰暗的过去。要求公正处理简直是空谈的情绪不能说没有。但正因日韩两国是相互平等的独立国家，考虑到长期的友好关系，就必须专心朝着谋求公正的解决的方向去努力。"

该事件发生约 3 个月之后，还是以政治方式得到解决。回国一度处于软禁状态的金大中恢复自由后，韩国也宣布了与事件有关的秘书被免职以及金钟泌总理即将访日的消息。之后访日的金钟泌总理与田中角荣首相、外祖父举行了会谈，并转交了朴正熙总统的亲笔信，事件最终得以政治解决。外祖父曾说："事件尽管不能说是彻底地解决，但这毕竟是竭尽全力交涉的结果，希望能够得到国民的理解。"（摘自『大平正芳回想録　伝記編』）但他是否真的满意于这种解决方式仍不得而知。

事件期间全家沉重的气氛我迄今仍记忆犹新。大家都小心翼翼，努力不去提及那件事，每天都笼罩在紧张的气氛中。自那之后，家里再也没有谈论过那件事情。因为此事件，外祖父的头发也完全白了。

迎来战后 70 周年的 2015 年，也时值日韩邦交正常化 50 周年。50 年前，日韩两国之间的人员往来年均仅 1 万人，如今已飞越式达到日均 1 万人的水平。而考虑现今日韩两国的关系，正如外祖父当年所述，不得不说日韩两国依旧互相背负着所谓的"业"。不过关键的是，无论回首过去还是展望未来，日韩两国都会是彼此最为重要的邻国。

9

肯尼迪总统与赖肖尔大使

　　2015 年春，我去观看了在国立公文书馆举办的"JFK：他的生涯与遗产"展览。展览用丰富的资料翔实地展示了约翰·F. 肯尼迪的童年、其活跃在战争中的身影、华丽的婚礼、走向总统之路和人生最后的悲剧。

　　1961～1963 年肯尼迪执政的 1037 天，正好是日本的池田勇人内阁时期。两国首脑之间面临的课题便是修复并强化因修改《日美安保条约》而恶化的日美关系。1962 年 11 月，外祖父以外务大臣的身份第二次出访美国。为出席肯尼迪和池田勇人在会晤中敲定的日美贸易经济联合委员会，池田内阁的阁员都携各自夫人一同访美。在白宫花园举办的晚宴上，身着和服的日本阁僚夫人们簇拥着肯尼迪总统。我的外祖母也在现场，她身着竹子图案的米色和服，系一条金丝刺绣花纹的亮黑衣带，神情略显紧张。

在日本阁员和总统的纪念照中，肯尼迪总统右手边站着大藏大臣田中角荣，而身为外务大臣的外祖父站在他的左手边，面带微笑。当时"二战"结束已近 20 年，日美首脑关系不再停留在表面上的友好，而是迎来了实质性的阶段。

2013 年 11 月，美国新任驻日大使卡罗琳·肯尼迪在抵达日本时说："父亲曾经非常希望作为美国总统首次出访日本。"据称当时肯尼迪的访日计划在保密的状况下逐步推进，最终的日期预定在了 1964 年 2 月，但在前一年 11 月 23 日，肯尼迪总统却遇刺中弹，不幸去世。

外祖父在清晨的电话中接到了这个令人震惊的消息，他于 8 点前就赶赴美国大使馆致以哀悼之情。为了表示日本的深切哀悼之意，还曾计划由日本皇室派代表参加肯尼迪的葬礼。尽管该计划未能实现，但外祖父和池田勇人首相共同前往华盛顿出席了肯尼迪的葬礼。在日本，皇太子夫妇（现天皇夫妇）与所有内阁成员参加了在圣伊格内修斯教堂举行的追悼弥撒。在没有皇室或王室的新兴国家美国，以电视为代表的大众传媒飞速发展的时代背景下，肯尼迪家族成了成功的象征。而其家族接二连三的悲剧，也时常引起民众的关注，该家族如今依旧是人们眼中极为特殊的存在。

在日美关系因反对安保条约运动而动摇的 1961 年，肯尼迪就任新一届美国总统。为了重启与日本之间的"对话"，肯尼迪任命美国知日派的代表人物——哈佛大学的赖肖尔教授为驻日大使。赖肖尔的夫人是明治元老松方正义的孙女松方春，大使夫人生活在日本期间，常有人介绍她为"在日美国人的第一夫人"。

埃德温·O. 赖肖尔 1910 年 10 月出生在东京明治学院内的传教士宿舍内，与外祖父同岁。赖肖尔的父亲是长老会的传教士。其实，外祖父在香川县受洗的牧师也是长老会的美籍传教士，真是一种奇妙的巧合。

赖肖尔在其所撰写的《"前辈"大平先生》一文中，有如下一段描述。

至交通常始自年轻时候的往来。但大平和我的第一次相见，彼此都过了知天命的年龄。尽管如此，互相之间的亲近感和信任感油然而生。可能仅仅是我自己单方面的感觉吧，我对他甚至抱有一种敬爱之情。……大平朴素实诚，仅此就受到许多人士的信赖。在谈及公事时，他总是很慎重地注意自己措辞，但因为他表里如一，是一位很坦率的人，所以大平所说的事情，我总是全盘信任。

……

随着我的妻子春和大平夫人逐渐形成亲密的来往，我和大平的关系也进一步地密切。大平夫人同样也是为人坦率、朴实无华，亲切极具人缘。因而我们之间真正变成了夫妇共同的交往。这样的关系在一对日本夫妇和一对外国人夫妇之间，甚至说在两对日本人夫妇之间也是极为罕见的。1964 年我被一位精神失常的青年刺伤后，大平迅速赶赴医院。在我接受手术的三个小时里，一直陪护在我的妻子身边，对此她至今仍深怀感激之情。（摘自『大平正芳回想録　追想編』）

外祖父去世后不久，应赖肖尔夫妇之邀，外祖母前往波士顿的赖肖尔家中做客。天皇夫妇在还是皇太子、太子妃时也曾在此留宿。外祖母曾期待外祖父趁尚处健康之时

与赖肖尔大使（左二）谈笑风生的外祖父

就退出政坛，夫妇携手悠然访问此地，但如今她的心里只有遗憾。

赖肖尔的回忆文章中还有如下记述：

提起大平给我留下的最为深刻的印象，那应是为了构筑日美两国的友好平等关系，大平所倾注的满腔热情与不懈的努力。1960年代的政治形势和如今完全不同，日美关系也远比现在更为敏感，处于一种高度紧张的状态之中。

大平的对美外交艺术究竟如何，以下的一个例子便可知晓。美国曾希望日本增加美国小麦的进口，以帮助美国改善国际收支情况。我在美国驻日大使馆与大平兄举行会晤，向他说明此事的来龙去脉时，大平仅仅说了一句"我明白了。但是，此事请不要向任何其他人说。"因此，我也对此事保持缄默，没过多久，无须刺激舆论，该问题得以顺利解决。（摘自『大平正芳回想録追想編』）

"无须刺激舆论"是真正的关键。在此事上，外祖父综合判断错综复杂的关系，从中斡旋奔走，我想这也是出于对战后日本粮食紧缺之际美国给予援助的感激之情。

就任池田内阁外务大臣之后的外祖父，某日从赖肖尔大使口中得知了震惊的事实。这便是关于"核运入——载有核武器的舰艇在日本领海航行并靠港停泊"一事。尽管已是外务大臣，但他并没有从任何外务省的相关部门获知有关简报。赖肖尔大使的记载如下：

美国在被问及核武器存在与否时，总是模棱两可地发表既不承认也不否认的声明。出于战略原因，这是一种必要的防卫措施。日本国民自然对核武器非常敏感，主张"不制造、不拥有、不运入"核武器的无核三原则。最初在采纳此原则时，"核运入"的概念并不包含核武器在日本领海航行。包括防卫日本在内，这是美国战略上的必要手段。但不幸的是日本国民认为"核运入"包含了搭载核武器的舰艇航行，而后在野党也利用这种想法来攻击自民党。美国大使馆感到困惑的是，日本政府并没阐明这一点，而仅仅表示信任美国政府，回避问题。这使得在对运入核武器的理解上，实际上留下了美国违背原则的形象。

由于不能对这种事态置之不理，我非常慎重地向大平说明了此事的要点。他极为简单地回答了我。他表示已理解该问题，并想要去解决，因此不要向其他人再说此事。(摘自『大平正芳　人と思想』)

据赖肖尔大使的描述，此后国会中止了有关这一问题的讨论，直至多年之后也没有再次提及。另外，外祖父认为应该向国民清楚地说明这一事实。这也成为此后长期以来困扰他的问题，最终外祖父身负这个未完的使命离开了人世。

外祖父就任首相的 1978 年，"赖肖尔致信哈佛大学校长德里克·博克称，过去极力反对向日本首相颁发荣誉学位是出于'在位者不具备相应的资质'，但'大平正芳是例外。他是真正意义上的知识分子，是一位政治家，具有优秀的人格与信条，同时也是一位杰出的政治人物。我对他抱有非常高的期待。'因此推荐向大平授予荣誉学位"(摘自『ライシャワーの昭和史』)。

　尽管很荣幸地得到了推荐，但是外祖父在接受哈佛大学荣誉学位之前就已经去世了。不过和赖肖尔结下了深厚的友谊，并能够与其共事。对于将日美关系视为重中之重的外祖父而言，我想也是无上之幸事吧。

10
作为基督教徒

周日过午时分，位于濑田的大平家客厅里，一位叔叔笑眯眯地与外祖父相对静坐。我偷偷地给他起了一个"微笑大叔"的绰号。这个人就是梅野典平，福岛人，是自东京商科大学（今一桥大学）时期就和外祖父一起参加基督教活动的挚友。梅野典平在其相差一岁的表兄弟、索尼的创始人之一井深大的介绍下受洗，到东京之后他还成为基督徒、社会运动家贺川丰彦的私淑弟子。有一次，梅野典平邀请外祖父说："今天晚上贺川先生在府中幼儿园还有演讲哦。"外祖父在故乡时就熟读贺川先生的著作，因此很高兴地去参加了。

贺川丰彦是出生在神户的基督徒，他不仅从事传教活动，在工人运动、农民运动、工会运动等社会活动方面也是一位先驱领袖。现在贺川在欧美的知名度反而比在日本更高。当天晚上演讲的主题是"山上的垂训"，结束之后梅野典平把外祖父介绍给了贺川先生。两人一起将贺川先生送上电车准备回家时，贺川先生突然在昏暗的站台上大声地邀请外祖父说："大平君啊！我正月请你吃煮年糕啊！"那时候两个人还参加经济学者、虔诚的基督教徒矢内原忠雄在自由之丘家中举办的学习会，也频繁参与YMCA（基督教青年会）组织的"圣经研究会"活动。

外祖父第一次接触基督教是在18岁就读于高松高等商业学校的时候，契机是有一次去聆听东北帝国大学教授佐藤定吉在高松的演讲。佐藤以基督教传教活动闻名，当天演讲的题目是"科学与宗教"。据说登上讲台的佐藤定吉首先从自己的体验谈起："有一天我灵感突现，感受到了神启，从此开始相信神的存在。那时我正沉浸在因独生爱女患疫毒痢症去世的悲痛之中。"

"我在大学时学习应用化学，后来留学美国发明了利用大豆蛋白制造合成树脂的技术。因为我相信科学技术的进步可以帮助资源匮乏的国家，并给人们带来幸福。我的这种想法迄今为止仍未改变。但是作为个人，仅仅认识到有益于天下和国家是无法得到幸福的。天下和国家必须要和世界相通，因为这里有精神软弱的人类的痛苦。作为神的仆人，人类仅依靠国家意识得不到幸福。"他话锋一转，指出科学技术、工业发达带来的幸福是物质上的，不能拯救作为有机体生命的灵魂。(摘自《茜色の空》)

外祖父在此前一年希望进一步升学，因此参加海军兵学校的考试，但名落孙山，还罹患肠伤寒卧床 4 个月。祸不单行的是，他的父亲利吉还因为胃溃疡溘逝，享年 56 岁。由于接二连三的不幸，再加之世界范围的经济恐慌，整个日本社会都笼罩在一股不安的气氛之中。首次听到思想家热情洋溢的演讲，外祖父产生了想要接触更广阔世界的想法。不久他便决定参加在长野县轻井泽町千泷举行的"耶稣之仆会"退修会。当年冬天，他为了参加在东京青山举办的"耶稣之仆会"大传教演讲会而来到东京。据宫泽喜一回忆，当时的情形如下：

那时我曾经听大平说过一次学生时代他在神乐坂敲鼓传教的事。但那之后直到晚年他再未提过自己的宗教信仰。对其家人也是如此，据说在其长子、虔诚的基督教徒正树去世时，他曾唯一一次提到，"希望我的身后事也如此处理"。(摘自『大平正芳回想録　追想編』)

高松高等商业学校时的外祖父（第二排中央）和"耶稣之仆会"的伙伴们

参加"耶稣之仆会"活动后不久，外祖父再度患病。每天到了下午便发烧，去医院被诊断为"湿性胸膜炎"。虽然病情不重，但是外祖父决定休学回到家乡观音寺。那时外祖父沉迷于内村鉴三所著的基督教相关书籍，以及康德的哲学和夏目漱石的小说。

到了 1929 年（昭和 4 年）12 月 27 日，外祖父在香川县观音寺教会由布南坎牧师施洗正式成为一名基督教徒，那年他 19 岁。

　为了解外祖父和基督教之间的关系，2015 年 4 月 25 日我来到观音寺教会亲眼见到了外祖父的受洗申请书。迎接我的是日本基督教会（新教）的渡边祐牧师。渡边牧师是静冈人，从神学大学毕业后被派遣至当地。虽然是初次见面，但是他古雅的气质让人感觉很放松。据称教会历经两次搬迁，现在的所在地是第三代的建筑。与外祖父受洗时相比，大概只有布道台和花台还保持原样。黑色讲台的正面刻着纯白色的十字架，简朴的教堂内没有其他饰物，大约仅能容纳 20 人，沐浴在春天和煦的阳光之中。

　渡边牧师从里侧屋子拿出受洗申请书，以黑绳系好的纸上已有些微微泛红。外祖父在受洗申请书上亲笔写下了如下的内容：

　　此次，我向主耶稣基督的宝座膝行靠近，诚心期望接受光荣的洗礼。大平正芳

　受洗之后的次年 4 月，外祖父复学重上高松高等商业学校二年级。他于日暮时分在街头向行人演讲募捐也是在那个时候。

　外祖父在回忆录中对当时的心境描述称："自己也完全没想到，成了一个热忱的基督教运动家，即使之前一直确信的人生道路和价值观发生了巨大的动摇，这对青年而言应该

也是理所当然的吧。"

从高松高等商业学校毕业后，外祖父为筹措"耶稣之仆会"的活动经费，曾在大阪的公司短暂工作，销售科学家佐藤定吉开发的药品。但是他后来未能遂愿，而是在获得育英助学金后进入大学学习。在那里他结交到了一生的挚友——"微笑大叔"梅野典平。他们一同为筹集 YMCA 宿舍的建设资金而奔走，还参加贺川丰彦的圣经讲义以及矢内原忠雄组织的圣经研究会，矢内原教授正是外祖父自大阪时代读到其著作后推崇的对象。通过与无教会主义者内村鉴三的得意门生矢内原的接触，外祖父在研习圣经的过程中逐渐坚信了自己的信仰。

无教会主义是指不通过教会活动来深刻理解圣经的信仰态度，这表示在阅读圣经时须独自一人与神对话，对自身的信仰要求极为严格。

1935 年 10 月，外祖父通过了高等文官行政科的考试。他访问了同乡的前辈、在大藏省任次官的津岛寿一，并得到内定进入大藏省工作的许诺。当年年末，在致高松"耶稣之仆会"时蒙受关照的藤川家的临别赠言集中，外祖父写道："我希望能活到一百岁，并持续探寻真理。"这是外祖父立志以大藏省官僚开启命运转换点的誓词。

此外，在日后的《我的简历》一书中，外祖父记述称："（耶稣之仆会）的佐藤先生所言让我们产生了对神的敬畏之心，但无论如何也无法理解神为什么要'爱'世人。因此必须学习基督教的教义。耶稣之仆会的人们日后有很多成了基督教徒，而佐藤先生关于科学和宗教的阐述是他们加入基督教的契机。我也在之后通过阅读圣经正式加入了基督教。"

在进入大藏省三年后，外祖父在母校的会刊上撰稿回忆称：

> 昭和3年至五六年间在学的各位肯定对"耶稣之仆会"这个团体的活跃活动记忆犹新吧。这是一群笃信工学博士佐藤定吉的自然科学宗教观的学生组成的社团，佐藤先生当时在全国的大学、高等专业学校巡回演讲，赢得了众多的共鸣者。这其中也有既有的YMCA活动停滞衰退之后的反作用，这群敢于标新立异的团体在校园或是街头展开了活跃的活动。由于初期未确定运动的焦点，纲领本身也不乏有待改善之处，也许活动呈现了某种浮而不实的迅猛发展态势。这或许表明为了发泄当时弥漫在学生中间的不安情绪，活动作为一种挣脱现实的手段而被民众广泛接受。不管怎样，这个团体在校内外引起了不小的轰动，并吸收了众多十分优秀的学生加入阵营。他们在经历了内心的煎熬与挣扎的过程后，有的

走上了正统的基督教徒之路，有的则与之分道扬镳。

（摘自『又信』）

在这篇文章中，外祖父没有点明自己是"成为正统者"还是"诀别者"，但是我想恐怕是后者吧。我认为这篇文章可以视为外祖父向热衷于"耶稣之仆会"的青春岁月的告别。

教会的记录显示，外祖父1929年受洗之后，1941年为"移居"。虽然时间上略有偏差，但应该是指他调往中国张家口工作的意思。随后1945年4月26日他被教会除名。这应是身处战争末期的混乱之中，他主动提出与教会诀别。而其当时的真实意图，如今已不得而知。

1967年在接受《基督教新闻》的访谈时，他谈道："虽然不是值得在人前夸耀的信仰，但我的生活已离不开圣经了。在祈祷中我一直继续着和上帝的对话。"（《基督教新闻》1967年2月25日）

此外，1972年月刊《天主教俱乐部》4月号中，刊登了他和当地高松教区主教田中英吉的对谈《政治家阅读圣经的时候》。

　　大平：当众多人聚集在耶稣身边时，他们会考虑在以耶稣为中心的神之国中，自己会起到什么样的作用。

但是耶稣身处孤高的立场，在被世人抛弃，最终钉上十字架的过程中，背叛耶稣或离他而去的人层出不穷。要说无知的话确实是无知，那是因为抱有这个世界会变成神之国的世俗梦想的人失望了。

（短暂停顿之后，再度表现出坚定的神情）但是，也有人从耶稣身上发现了上帝。神之国并非是那么简单之事，认为耶稣在死后显现者日后都走上了正途。圣经真是一大小说。且无论好坏真伪、虚荣实践，只记载不加修饰的事实。这些与现代社会并无两样。因此每次我读圣经，总会想无论什么年代人总是一样的。（笑）（中略）圣经中说"你们是世上的盐"……至少我想发挥盐的作用。（摘自『在素知赘』）

外祖父想起被钉在十字架上的耶稣一时语塞的事，表明了他虔诚的信仰。而在田中主教问起喜欢圣经中的哪个人物时，外祖父回答称：

旧约的话我喜欢耶利米。耶利米哀歌具有一种难以言传的韵味。……耶利米这个人，该怎么说呢，他对国家的爱和忠诚，有许多值得现代人参考的地方。（摘自『在素知赘』）

耶利米出生于亡国前的犹太王国。有一次神召唤他，告知其堕落的王国即将毁灭并受到惩罚的预言，劝人们进行悔改。预料到人们显然不会乐意听从这样的忠告，自己一定会遭到反对，耶利米也曾想要逃脱，但神未加允许，而是不断地指示他应履行使命。

耶利米虽然生性稳重，但在受到各种严苛的待遇后，还是不时发出哀叹"为什么对我弃而不顾？""为什么我被赋予了这样的职责？"但是他仍坚持自己的信仰。对于被神选中的背负生存下去使命的耶利米，种种艰难困苦都降临到他身上。据说他一度面临被暗杀的危险，直至目睹王国逐渐毁灭后，在万念俱灰中被杀身亡。在外祖父看来，自己的境遇与四面楚歌、被称为"哀哭的先知"耶利米类似，才产生了如此大的共鸣吧。

外祖母大平志华子的好友、有"修女铃木"之称的圣心女子大学教授铃木秀子曾撰文回忆称：

> 我和志华子夫人的关系很好，有着近二十年的往来。其间也曾窥见过大平身上源于基督教精神的人性。
>
> 有一次，在大平家宽敞的客厅和家人一起吃饭时，在一旁角落里有个看着一筹莫展的人似乎在向大平寻求帮助。具体内容我不得而知，他不停地诉说了约四十分

钟，大平则坐在椅子上，身体前倾一言不发地听着。那个人说完之后，大平沉默了一阵子然后就说了句："好，我知道了。请放心吧。"

我看到那个求助者愁容全消的神情时，想起了在圣经中耶稣在静静地听完烦恼者的倾诉后，祝福"请安心吧"的场景。我强烈感受到，大平正芳之所以温和待人，正是因为其根植于人格深处的信仰，使得他对任何人都一视同仁地亲切。（摘自『大平正芳 政治的遗产』）

某个周日的午后，梅野典平造访位于濑田的大平家。此时的外祖父已经成为首相，即使是在这个将要完成自己使命的时刻，他和梅野典平两人也只是和往常一样，安静地相互微笑。外祖父说："在国分寺你可是经常请我呢。"梅野典平则回答道："我可不记得有这样的事。""你是老糊涂了吧。"然后又相视而笑归于安静，仿佛像阳台的猫一般。当时我对这两个人的样子并没什么特殊的感触，现在回想起他们之间的友情，却沉浸在一股温暖的气氛之中，不禁潸然泪下。

"说话"等同于"放下"。①虽然把自己内心的重负向别

---

① "说话"与"放下"在日语中的发音相同。——译者注

人倾诉心情会轻松许多，但是外祖父和"微笑大叔"之间，或许可谓是此时无声胜有声吧。我想那时两人一定是被上帝的爱所环绕着吧。

对于外祖父身为基督徒的一面，我原先已通过文献的搜集、走访相关人士等进行了一定程度的调查。然而前段时间，又因为机缘巧合而有了意外的一大收获。我在日本电视台工作时因负责采访皇后而结识的朋友邀请我参加一个聚会，名为"谟涅摩叙涅之会"，这个奇妙的名字在希腊语中是记忆的意思。该会的主持人三村利惠（原大阪音乐大学美学讲师）会上以"献给爱诗的人"为题，讲述了在战争中英年早逝的诗人藤川正夫的诗作。

在星期六的午后，三村提到"藤川正夫小时候在香川县的高松生活"时我猛然一惊。高松的藤川家……凭直觉我意识到那一定是外祖父在高松高等商业学校时深受关照的藤川家。

离开的时候三村送给我一本名为《相隔一世纪——藤川正夫的诗与日记》的书。通过卷尾的年表，我得知藤川正夫的父亲原是大藏省的官僚，曾在当时日本统治之下的韩国任知事，之后投身实业，从事四国水力（今四国电力）事业的运营。而正夫1929年7岁的事项中，记载称："母亲（歌代）是无教会主义的基督徒，当时家里向信徒开放，被称为'仆会'。就读于高松高商（今香川大学）的故人大平正芳是虔诚的信徒，他十分喜欢正夫。正夫爱上了唱赞美歌。"

我的直觉果然没错。收录了外祖父 25 岁时写下的"我希望能活到一百岁，并持续探寻真理"，正是送给藤川家的赠言集。书的发行人藤川千代子是藤川正夫的姐姐。我大胆地根据书上记载的电话号码进行了联系，接电话的是千代子的侄女、继承藤川家的藤川寿枝子。她听我说完情况之后，告知外祖父寄给藤川家的信和明信片等至今仍保存得很好，于是我决定亲自前往确认。

在某个梅雨季节前微阴的午后时分，我拜访了她在世田谷区的家。她拿出的资料中，有外祖父和"仆之会"的伙伴一起寄赠的赠言集，还有照片、信件以及不时寄来的明信片。据寿枝子透露，外祖父进入大藏省以及之后从政时，也时而造访藤川家。

外祖父就读于高松高等商业学校时，藤川正夫还只是一个小学生，但他很早就下定决心以诗人为生，并于 1940 年考入东京高等学校高等文科丙类（今东京大学文学部）的法文专业。他作为游泳部的一员十分活跃，同时埋头于诗歌创作。1943 年，对法文系学生的延期征兵令被废止，正是东京帝国大学大二学生的正夫被编入海军，1945 年战死在棉兰老岛的三宝颜，时年仅 22 岁。得知这一消息后，悲痛欲绝的其父利三郎也在次年撒手人寰，享年 69 岁。

之后，藤川一家移居到了东京。丈夫去世后，妻子歌代以经营进口货商店和公寓为生。据说外祖父曾给她经营的公寓介绍过住客，当有纠纷时还给她介绍过律师。在外祖父寄去的明信片中，有谈到自己参加竞选时"演讲正在一点点地进步"，看到这我也忍俊不禁。

对于外祖父而言，有着相同信仰并同样出身讚岐的旧知藤川家，想必是自己唯一可以吐露心迹的地方，甚至可说是内心的归宿吧。1964 年，因为长子正树去世而沉浸在悲伤之中的外祖父在藤川家泪流满面，他向歌代说："我已经不想干政治家了……"而因战争同样失去了最心爱长子的歌代，也比任何人都更能理解外祖父深深的悲伤与苦楚。但她却异乎寻常地严肃呵斥道，"男人选定的职业绝不能放弃"，激励外祖父重新振作。据说当时在一旁见到这一幕的千代子也觉得"其实话可以不用说得那么重"。

千代子操办完母亲歌代的丧事后，开始着手为英年早逝的弟弟编辑文集和诗集。在文集的结尾她如下写道：

> 因为弟弟，我对众多因那场战争一去不返的人们的伤痛感同身受，并亲身体会到了失去爱人的悲伤是多么

深切。我彻底改变了对人生的看法，开始可以从人性深处去看待事物。弟弟对于我而言是超越了亲人的存在。

在藤川正夫留下的日记中，有这样一小节："我想带去战场的是自己的诗集。如果身边有入伍前一个月整理好的那本笔记，将会带给我多么大的力量，又是多么美好的事啊。我死时，能抱着它的话就别无他愿了。——七月三日"①

我仿佛受到上天指引一般，邂逅了早逝的诗人藤川正夫。我希望今后能阅读他的诗，并传诸后世。在此，我介绍一篇他写于出征前的诗作。

做好赴死的准备

做好赴死的准备

创作着诗　书写着诗

初夏的一日　初夏的正午

对苍穹的诱惑视而不见

做好赴死的准备

读着幼时的诗　收集着幼时的诗

庭院灯笼的暗处　菖蒲花已盛开

---

① 『世紀をへだてて——藤川正夫の詩と日記』。

母亲在壁龛之间　用柔美的满天星插花

我陶醉于回忆中　深陷于回忆中

一首诗如此诞生　将其誊写下来

我即将要修行成神了

——1943 年 5 月 25 日①

---

① 『世紀をへだてて——藤川正夫の詩と日記』。

11

终战之时，与恩人津岛寿一在一起

　　1945 年终战前后，外祖父正担任大藏大臣津岛寿一的秘书。5 月 25 日深夜东京大轰炸之际，外祖父正在津岛寿一家中参加大藏省的聚会。B–29 轰炸机编队不断飞到东京上空，燃烧弹如雨点一般落下，津岛的宅邸也遭火灾。外祖父对当时的情形回顾如下：

> 我带着津岛寿一的夫人和女佣逃了出来。然而半路上，津岛夫人突然对我说："我把佛坛上的观音像给忘了，希望你把它请过来。"于是我立刻返回，尽管我在火灾中救出了观音像，但是却和津岛夫人一行人走散了。那是一尊沉甸甸的金属像，抱着这尊像前往四谷车站的途中，一个包裹着燃烧弹的巨大铁环从天而降，就落在一两米开外的地方。尽管没有被直接击中，但是感到生命危险的我将观音像安置在了站长室就独自逃离了，并在市谷站附近的隧道里度过了一夜。第二天一早，我迎回观音像后，终于在下二番町拥挤的人群中与津岛一家人平安会合。我还去看了津岛宅邸的情况，毫无疑问其在大火中被完全烧毁，未留一点痕迹。
>
> 之后，我返回自己在牛込的家，不用说家中的诸物也悉数被烧毁。钢琴的弦线犹如饴糖一般横在眼前，雾雨滴滴答答地下着。此后我借住在世田谷的乌山，每天从那去同样疏散到世田谷樱上水的主计局上班，直到战争结束。（摘自『大平正芳　人と思想』）

　（大藏大臣津岛寿一）麴町的宅邸和永田町的官邸都因为战火而化为乌有，他就临时借用了碑文谷的石川先生家的一间屋子。津岛大臣就算工作到凌晨一两点都习以为常，而到早上七点我刚睁开眼睛时他又已经端坐在办公桌前了。桌子上会放着十几张白色纸条，用漂亮的黑字写着当天的工作指示，比如"交次官"或"交主计局长"。我完全猜不到津岛大臣究竟是何时就寝又是何时起床的。而我最初每天的工作，便是前往大藏省各部门分发那些纸条。（摘自『素顔の代議士』）

当时，外祖母志华子等家人已疏散到岩手县的老家。东京大轰炸当晚，外祖父的生命一定是被津岛家那尊观音像保佑着。

不久，日本迎来了战争结束的那一天。

　1945 年（昭和 20 年）8 月 15 日是终战的日子。我和主计局长中村建成、预算课长河野一之等人一起，在樱上水的小学校舍迎来了战争的终结。听着天皇陛下的玉音放送，中村局长潸然泪下。而我不知道为什么却没有这样的感动，反而是沉浸在该来的这一天终于来临了的如释重负感中。（摘自『私の履歴書』）

据说战争结束后不久，有一天外祖父走进大藏大臣的房间时，发现津岛好像忧心忡忡地流着眼泪。他忙问："大臣，您这是怎么了？"津岛悲叹道："其实，从明天起国民的粮食储备也要耗尽了。"

看到录用自己进入大藏省的同乡恩人如此唉声叹气，外祖父的内心又受到了怎样的触动呢？宫泽喜一对当时的情况记述如下：

> 昭和 20 年 8 月，战败日之后约过了两周，大平和我坐在麻布狸穴的一块略微高起的草坪上望着火灾后的废墟。不久前还在持续的空袭，此时感觉似乎已是很久远的事情了，在街道上飞驰的军用汽车也消失了，四下里是一片寂静。焦土的对面，芝浦的海面泛着金光，还能远远地望见有人在废墟中寻找木材，好像是要搭建简陋的小屋。在炎热的夏日，一切都如死去一般一动不动，好像埃及的墓地一样。当时我们把这称为"虚脱状态"。

> 日本在战败的同时，建立了东久迩宫内阁。津岛寿一出任大藏大臣，而同乡的晚辈青年大平正芳则被选为他的秘书。大平提出希望我能够协助他。两个人坐在草坪上，虽然只是很短暂的一段时间，曾是大藏大臣官邸

借用的建筑物残骸的庭院。

大平远眺景色片刻之后说道："今后该考虑如何让日本人吃上饭啊。从日本占领地区回来的人有很多。或许不饿死几百万人的话日本可能就没办法撑下去。在如今一切都已经停滞的日本，也就只有铁路至今仍在运转。不知道能不能以国铁做担保想办法从美国那边借一点钱呢。"当时我恍惚之间想起了从前哈里曼想要收购满铁的历史，而没有接话。不过当时大平的那番话我一直铭记在心。尽管自己还在挨着饿，但青年大平已开始考虑今后日本人的出路，而三十五年后他成了肩负日本命运的人。（摘自『大平正芳回想録　追想編』）

宫泽喜一和外祖父在那之后因担任大藏大臣池田勇人的秘书而共事，此后也在宏池会中志同道合。作为出类拔萃的人才，宫泽喜一有着无穷的锐气，相比之下外祖父则像一头钝牛。或许是有些自卑情绪，外祖父后来升任首相和自民党总裁的时候，商讨的对象也是宫泽喜一。我通读整篇回忆录后觉得，真正意义上理解外祖父大平正芳的或许就应是宫泽喜一先生吧。

关于外祖父在日本即将战败时的情况，他的终生密友、战后进入经济界的佐佐木荣一郎有相关的记载。佐佐木先生原为陆军军官，负责军队的补给、军饷和物资筹措等工作。此外，他的岳父在近卫内阁和东条内阁都曾任司法大臣，也能够隐约洞察到政府内部的动向。他已年过百岁，仍然健在，① 留下了有关战争时期的宝贵证词。

> 大平先生曾说过在当时看来非常大胆的话，他说："日本战败确实是一件非常遗憾的事情，但像如今的日本在军部独裁之下，就算取胜也会变成可怕的世界。我想那样的日本很快就会被推翻吧。"（摘自『大平正芳回想録　追想編』）

恐怕外祖父当时是通过大藏大臣津岛把握了日本未来的走向。津岛寿一在战败时曾与麦克阿瑟直接交涉，寻求粮食问题的解决办法。据称在内阁中，能够得到和麦克阿瑟直接面谈机会的，除首相之外也只有津岛一人而已。津岛大臣也相信自己得到了麦克阿瑟特殊的善待。然而，当时大藏省中担任官房长一职的福田赳夫则对津岛和外祖父有如下的回忆。

> 9 月 11 日，突然从盟军最高司令部传来了指示：

---

① 此为日文版出版时的情况，佐佐木荣一郎已于 2016 年去世。——译者注

"接收大藏省大楼，限令72小时内搬走。"当天夜里8点左右，官房长官兼秘书的我和大平、宫泽（喜一）两位秘书共三人被津岛寿一大臣召集到了大藏大臣官邸。我们三人到齐后，在秘书室等候的时候，大臣要求"立刻把次官叫来"。等到山际（正道）次官现身后，我们一同进入了大臣办公室。津岛大臣当时心情十分糟糕。由于大藏省大楼被接收，大臣本人的自信、全省工作人员的期待也完全且残忍地落空了，他的心情本就应该很糟糕。山际、福田、大平先一同进入大臣室，宫泽稍晚进去。而最后进来的宫泽没有关好大门，津岛注意到这一点后，训示道："最近的大藏省对职员的教育放松了。这样的话大藏省能成为战败的日本的脊梁吗？次官你认为呢？"之后的训示居然长达八个小时。耿直的山际一直保持站直不动的姿势聆听。福田和宫泽坐着不时进行附和。大平虽然始终低着头，但并非是惶恐地听着训示，而是好像以这种姿势睡着了。当时，我觉得这个男人可真是官僚中少见的英才啊。（摘自『大平正芳回想録 追想編』）

这便是日后流传很广的"八小时训示事件"。

大藏大臣津岛在外债问题和战后赔偿问题上施展了极高

的才干，在为日本的复兴打下基础后，又成为参议院议员，于 1967 年去世，享年 79 岁。然而在那之后经过半个世纪，如今在大藏省的相关人士中依然流传着有关津岛寿一是"工作狂魔""恐怖之人"的传说。战后因担心粮食紧缺而落泪，如今仍然以超乎常人的工作作风成为话题人物。我相信如果没有此人，战后日本的复兴也就无从谈起。不能忘记的是，正是有赖于这些人打下的基础，才有了如今日本的繁荣。

而为我父母做媒的不是别人，正是津岛寿一夫妇。两人

作为媒人的津岛寿一夫妇在大平芳子婚礼上

决定结婚的时候，津岛家提出了一个方案，即先让同样是香川县坂出人的父亲森田一成为津岛家的养子，再与大平家举行婚礼。这应是由于他们没有子嗣，希望由父亲来继承津岛家。而反对这个提案的，便是大平正芳的夫人志华子。她认为："成为津岛这样严格的家族的儿媳，像我们家的野丫头是绝对无法胜任的。"尽管这些事情我无从求证，不过事实应该是这样。但是，我的父亲和母亲都很尊敬犹如第二父母一般的"媒人"，只要有机会就会拜访津岛家。而津岛夫人珍藏的迈森的陶制人偶也由我的母亲继承了。

12
自由主义的恩师

——吉田茂与松本重治

1962 年，外祖父成为第二次池田内阁的外务大臣，时年 52 岁。而当时外祖父求教了两人，一位是吉田学校的校长吉田茂，另一位是国际知名的记者松本重治。

据时任外务大臣秘书的菊地清明回忆："可能还是在担任池田内阁官房长官时期，他一有机会就去吉田先生那边，尽管说起来是一些俗套的话，不过每次出访归来之后，他一定会向吉田先生报告，顺便带上一箱葡萄酒过去。如此这般，吉田先生也是非常欢迎。吉田先生很喜欢大平先生，从大平第一次参选开始就一直支持他。有一次，我在一旁听到吉田眯着眼睛笑着说'大平君，现金不是问题哦。'"（摘自『去華就實』）

外祖父对吉田首相怀着由衷的尊敬之情，养成了一有机会就去大矶拜访的习惯。而吉田首相辞职时，外祖父将他的感想都写进了《吉田先生与丘吉尔》一文中。

吉田先生并不是图名的人。我从没有听说过他三更半夜偷偷地去拜访过哪一家显贵。从外务大臣到首相的过程，对于他自身而言不如说是一种困扰。我想唯有靠他一心报国的至诚之心，才能够忍受其中的劳苦。

……

无欲则刚。不拜金，不图名，不惜命。这样的人既是强者，也是难以对付的。吉田先生便是这样的人。如果非要说他的缺点的话，那就是他实在是过于强大、过于难以对付了吧。

吉田先生最终于12月7日辞职，离开了首相之位。正好当时全国的新闻报道都在聚焦英国首都伦敦举行的为老首相丘吉尔八十岁寿辰祝寿的情景。现场悬挂着一幅在野党工党领袖艾德礼相赠的丘吉尔巨幅肖像画。丘吉尔满怀喜悦地注视着那幅画，并张开双手赞叹道"这真是现代艺术的代表作"，执政党和在野党也博得了全体国民热烈的欢呼声。与此相对的是，在东京面对周遭的一片反对之声，卸下六年政府重任的老首相吉田茂乘坐的一辆汽车，穿过腊月料峭的街道，往大矶的方向急驰而去。

不过，这位吉田先生却对自己遭受的冷遇没有吐露丝毫的不满，也没有试着去标榜自己的丰功伟绩，而是享受着悠然自得的生活。在吉田先生所离开的东京，急于苛责他人，而疏于反省自身过错的人们却不断地上演着阿谀奉承的闹剧。

日本的政坛这样究竟是否合适呢？抑或我的这种叹息，难道竟是我一个人的胡言乱语吗？（摘自『素顔の代議士』）

被无限尊敬的吉田首相离任时的高洁所折服，外祖父深有感触的同时，也一定对周遭的无情感到了愤慨。

晚年的吉田首相和外祖父之间也有着一件趣事。有一次外祖父像往常一样拜访大矶的时候，在谈话中将首相的年龄说老了一岁。吉田当即生气地说道："大平君，到了这个年纪啊，虽然是一岁，却有大大的不同呀。"于是外祖父反击道："总理，关于用词，在我可能落选的第二次竞选之际，您赶来助阵但从头到尾都把我的名字弄错，一直叫我'ōdaira',① 这次就和那件事扯平了怎么样？"

吉田首相听完后呵呵笑着说："是吗，还有这样的事情啊，那真是失礼了。"我想外祖父是不乏幽默感的，这一逸事恰好就是明证吧。吉田首相在当时的反应也是特别的愉快，想象当时两人的样子，也不禁让人莞尔。

1953 年 4 月，在被称为"混帐解散"后的大选中，外祖父因为准备不充分而陷入苦战。在濒临落选危机之际，得到了吉田首相前来声援。然而在助选演说中，吉田首相念错了外祖父的姓氏，始终说的是"我们党内被视为未来有为的 ōdaira 君……"尽管给吉田递去了提醒的小纸条，但是气势正酣的演说并没有停止。外祖父则在一旁苦笑，而支持者脸色苍白。最关键的选举结果揭晓后，外祖父以得票数第三名侥幸当选。这也成为外祖父阵营里一直津津乐道的逸事。

前首相吉田茂辞职后，继续在国会担任了近八年的众议院议员，于 1967 年去世，并成为首位享受国葬待遇者，享

---

① 大平的姓在日语中有"ōdaira"和"ōhira"两种读法，大平正芳应为后者。——译者注

年 89 岁。

对于外祖父而言，另外一位恩师松本重治又是一位什么样的人物呢？松本重治作为坐落在东京六本木的国际文化会馆的始创者而为人所知，其外祖父是明治维新的元勋松方正义。得益于家庭的培养，松本年轻的时候就前往欧美留学，并成长为一名国际记者。1936 年作为同盟通信社的上海特派记者，抢先刊登了载入史册的"西安事变"特讯，成为活跃在国际舞台上最知名的日本记者。

松本重治在中国上海生活了前后大约八年。其间，他的工作超越了记者的立场，和中日两国的友人一道发起了和平运动，并波及近卫文麿及汪精卫等著名政治家，发展为一场政治运动。尽管这场和平运动以失败告终，但从战争的苦痛经验中，松本重治深切认识到应当体谅当事对方持有的不同立场，并应将这种观念植根于日本人和日本社会之中的重要性，为实践这种构想，他于 1952 年建立了国际文化会馆。松本重治希望能够建立一个场所，让具有各种思想的人们汇聚在一起，并敞开心扉地进行讨论。而当时帮助他实现这个想法的不是别人，正是吉田茂。

尽管吉田茂精通英国的情况，但是对美国的状况不甚了解。为此，松本重治在神户一中时期的晚辈白洲次郎出面，诚恳地邀请松本重治担任吉田茂的顾问。而吉田茂在担任首相期间，也曾邀请具有国际视野，且声望和能力兼具的松本担任驻美大使和驻联合国大使。而立志于推动民间活动的松本坚决予以推辞。后来松本还分别推辞了岸信介内阁时的驻英大使及池田勇人内阁时驻联合国大使的请求。

为创设国际文化会馆，吉田茂首相邀请经济界的主要人士参加了在官邸举行的筹款宴会。由此，在日本方面的经费以及约翰·戴维森·洛克菲勒三世等提供的美方资金的支持下，国际文化会馆得以建立。选址则定在六本木鸟居坂上的原岩崎小弥太宅邸，因该土地当时已经收归国有，在池田首相的秘书宫泽喜一努力之下，出让给了国际文化会馆。会馆建成后，松本重治一家人移居此地并开展活动。"一定要建设一个符合世界规则的日本，不再重蹈二战前失败的覆辙"，松本重治出于深深的自省和责任感率先提出了这样的倡议。

此外，美国方面十分担心当时日本知识分子的左倾化，这也是美国的经济界和知识分子积极推动会馆建设的原因之一。不过，国际文化会馆从全球各地邀请客人，以阿诺德·汤因比博士和印度总理尼赫鲁为代表的睿智之士聚集在这里，展开了自由的讨论。

据称在池田内阁担任官房长官后，又毛遂自荐出任外务大臣的外祖父曾频繁地前往国际文化会馆拜访松本重治。外祖父究竟向松本请教了哪些问题，两人又谈论了什么？虽然具体内容不得而知，不过大抵应是与日美关系和中日关系有关。而我推测，两个人共同的主要话题，或许便是讨论自由主义政治的应有形态吧。

松本重治被称为"最后的自由主义者"。在担忧政治日益右倾化的今天，近期经常提及的一种观点是，认为必须要有当初宏池会那样的自由主义政治。而这里的"自由主义"究竟是什么意思呢？重新翻查词典可以发现，"liberal"有下列意思：（1）慷慨大方、大大咧咧；（2）很多的、丰富的；（3）宽大的、度量大的、开放、没有偏见；（4）不拘泥的、自由的。我之前一直将其理解为"自由的"意思，但值得注意的是，其中"没有偏见"的意思或许正是松本重治和外祖父的共通之处。

松本重治从学生时代起就是无教会主义的基督徒，参加内村鉴三的演讲会，接受新渡户稻造和朝河贯一博士的直接熏陶。他一贯保持非战主义的态度，尽管深知提倡宝贵的和平会伴随何等的困难，但仍主张日中停战，宣扬和平主义。

松本重治回忆其在上海时期刊发"西安事变"独家新闻等的著作中，提到了关东军参谋田中隆吉中佐 1936 年 5 月底接受其采访一事。田中称："坦率而言，你和我对中国人的看法有根本上的区别。你好像是把中国人当作人类一样对待的，而我认为中国人就是猪。"（摘自『上海時代——ジャ一ナリストの回想』)

如此狂言能够堂而皇之横行的年代，外祖父也曾作为大藏省官僚被派往张家口一年，目睹了军部横行暴敛的行径。腐蚀人际关系的"偏见"，正是从人心的缝隙中潜入的。而想要去除这种偏见，所需的或许并不仅仅是教育和知识。

新渡户稻造曾经教诲松本重治，要掌握辨别大事物和小事物的能力，即"sense of promotion"（平衡感觉）和"grasp of things"（掌握核心）。"grasp"有"抓住、捕捉、掌握、理解力"的意思。

不管是人生还是社会政治问题，都注定是十分复杂的，上述两条教诲指的就是要把握这些问题的核心。在清楚核心之后，便自然会明白应如何应对。新渡户稻造告知松本重治的，就是认清事物本质的重要性。

和松本重治同一时代的自由主义外交史学家清泽洌，曾经向另一位知名的自由主义者石桥湛山请教"何为自由主义"。石桥湛山则回答道："我想是（并不拘泥于主义主张的柔性）心理准备吧。"（摘自『自由主義とは何か』）

自由主义的基础在于平等和宽容的精神，自由地追求学问，自由地选择职业。自己的思想和哲学不会受到他人的监视和约束。松本重治认为这才是人生中最希望去珍视的东西，在对待家人和其他人时他也始终坚持这种认识。

我十分希望了解外祖父和松本先生的直接交流，为此曾于绿荫环绕的时节前往国际文化会馆拜访松本重治的长子松本洋先生。已经八旬有半的松本洋先生是一位绅士，性格温柔，打着蝴蝶结，与他的气质十分吻合。虽然他说"不知道能不能帮得上您的忙"，但在他借给我的几本书中还是发现了如下记述：

> 大平先生成为首相后要出访美国之际，我对他说，对你而言，比起日美关系更重要的是日日关系。因此，应当尽全力说服日本国内的不同意见，之后再去美国。他也确实照我说的去做了。到美国之后也能够立场鲜明地求同存异，取得了巨大的成功。不过大平先生在日日关系上耗费了太多精力，最终倒下了。（摘自『昭和史への一証言』）

在外祖父以首相身份首次访美时，依照松本先生的建议，以日本政府名义向日本协会（Japan Society）捐赠一百万美元。由于理事长约翰·戴维森·洛克菲勒三世在稍早前因车祸去世，这笔捐款的清单转呈给了其夫人。

此次访美一年后，外祖父遽然去世。共同通信社原政治部长远藤胜巳在外祖父的回忆录里记载："国际文化会馆理事长、我的大前辈松本重治在悼念大平首相去世时说，'现在日本失去了一位无可替代者。'对于大平首相而言，松本重治可说是外交方面的'恩师'。"（摘自『大平正芳回想録 追想編』）

原在共同通信社工作的松尾文夫在书中如此写道："晚年的松本重治经常挂在嘴边的一句话便是，当下日本的自由、民主主义是在战争中败给美国后才获得的。这并不是胜利得来的自由和民主主义，而是'失败的馈赠'——这一历史事实，很多日本人都已经开始忘却了吧，我很担心这一点。"（摘自『追想 松本重治』）

战后 70 周年，在各种意见交织的现在，真正的国际人松本重治的话响彻心扉。近来我也认为，曾经以外祖父为首的宏池会追求自由主义政治，而现在正应重温这种精神。

前些日子，我遥想着松本重治生前和外祖父的对谈，成为国际文化会馆的图书馆会员。图书馆坐落在东京都中心，面对着唯美的日本庭院，对于研究日本的学者而言正如沙漠中的绿洲一般。我想今后在这里，从我的角度进一步思考自由主义、日本的自由和民主主义的含义。

13

钟爱读书

"到死为止我还能再读多少本书啊……"

这是在生命的最后一个正月，外祖父嘀咕的话。父亲听到后不知道该如何回应，就选择了缄默。

2015年3月31日，位于外祖父的故乡、香川县观音寺市的大平正芳纪念馆关闭，完成了它的历史使命。馆内所藏的资料中，与国家政治有关的移交给了国会图书馆，而8000册藏书捐赠给了县立图书馆。当地的报纸报道称："时值战后70周年的转折点，彰显在日本战后处理问题上发挥才能的政治家事迹的纪念设施就此消失，令人十分遗憾。"（《四国新闻》2015年2月7日）。纪念馆开馆的最后一天，相关的各方人士纷纷赶来，共同深情地见证其落下帷幕。

　　我的手头如今还有一份大平正芳纪念财团在 1988 年发行的大平文库藏书目录。翻开分门别类整理的 6400 余册图书目录，我感觉似乎窥见外祖父生前内心的所思所想，而且这也好像是在与外祖父对话。

　　外祖父会不停地将自己读完的书寄回老家，我想这也体现出他希望将书中蕴含的人类智慧尽可能地与乡亲进行分享的心情。

　　外祖父格外钟爱读书。如果找不到他踪影的话，十有八九能够在书店里发现他。在就任首相之后某一个周日的午后，警卫突然报告"首相不见了"，疯狂寻找的结果，不出所料地在街上的书店里面发现了外祖父。转眼之间就逃出了警卫的视线，在书店的书架前翻看着新近出版的书，我想此时的他可能正在品位着无上的喜悦与开放吧。

　　"能让我在书店的书架前驻足的，与其说是政治、经济、法律之类的专区，不如说是历史、社会、随笔等类别的区域。在那里，每周新上架的新书散发着新鲜气息，捧在手里的柔软触感都让人有心花怒放的感觉。那一瞬间好像就能够体味到生存的喜悦一般。"（摘自『春風秋雨』）

　　由此可见，外祖父并不热衷收集旧书和珍本，而是对新书拿在手中的那种愉悦感情有独钟。

　　在担任宏池会会长时期，外祖父在会刊《前进》上发表了随笔《柳绿花红》，其中这样写道：

> 无论身边事务有多繁忙，我每周也会有一两次信步去逛逛书店。当然也没什么时间去寻猎旧书，多是看看新书。对于我而言，书店门口散发出新刊书籍的新鲜墨香，能够感受到一股时代热潮的气息。大致地扫一眼新书区域的书籍标题，大概就能了解到世态的变迁。其中，人们在思考些什么，人们想要些什么，或者是过去的人们面临着何种问题，他们的表情、眼神、内心，就好像是透过透明玻璃可以看得一清二楚。读书是一种灵魂的食粮，特别是对那些经常俗事缠身的政治家而言，是净化精神、与时俱进和敏锐洞察时世所不可或缺的。然而，现实情况是并没有足够的时间能够用来读书。即便如此，我还是决定自己必须要去阅读的东西。当下或许是社会学的时代，比起政治或经济类的书籍，我往往选择承载当下生活记录的社会性书籍。短篇的话，我偏爱随笔、传记等一类的书籍。

> 此外，我想从政的人也不可不读小说。小说能够反映出人们的整个生活。小说有时常常会促使我们意识到某个深刻的问题。文学和政治有着密不可分的关系，从这一意义上我想要多读点小说。不过说实话，很遗憾现

在没有时间去读小说。

　　我喜欢的当代作家是司马辽太郎，他的主要作品我几乎都读过了。他那种大阪人"以人为本"的视角、想法的出发点以及灵活鲜明的把握能力，不单是作为政治家，在此之前作为普通人也都受益良多。(摘自『前進』)

在纽约的 Double Day 书店（摄于 1979 年 5 月 4 日）

1979 年 4 月外祖父访美的时候，在结束了华盛顿的官方行程后，他前往纽约顺便走访了位于曼哈顿第三大道的著名书店"Double Day"。在极为短暂的时间里，他环顾书架，兴致勃勃地体会了店内的安静气氛。而后，买了一本新出的题为 *The Profit* 的经济理论书。

有时，外祖父会来到自家附近的森田家，并进入我的房间。一看到杂乱的房间，外祖父还会苦笑地说，"就像混乱的自民党一样"，然后静静地看一下我的书架就回去了。我想他是想通过书架来确认我在思考些什么吧。不知道映入外祖父眼帘的那些书是否合他心意，我念高中时书架上摆的应该是波伏娃的《第二性》和安妮·默洛·林德伯格的《海的礼物》之类的吧。

在外祖父生命开始倒计时的 1980 年 5 月，母亲经常接受报纸和杂志的采访。概括当时的访谈内容大体如下：

> 他是一个不怎么把政治带回家的人。在内阁不信任案通过的那天，他回家后就沮丧地换上和服，进入书库默默地翻动着书架上的书，就好像在整理自己纷乱的内心一样……

家人都知道，外祖父内心的变化有时可以从他对书籍的态度去推测。为外祖父撰写传记小说《茜色天空》的作者辻井乔（即堤清二先生）也写过有关外祖父喜欢读书的文章。

> 不管怎样他是一个好读书的人。有一次我对大平先生说："在日本，听说读书的政治家是当不了总理的啊。"大平先生喜欢在东京港区的"虎之门书房"找书。去他的事务所的话，大桌子分门别类叠放着财政、国际形势论等书籍。有次我将中村雄二郎写的《知的演变》作为礼物送给他。大平先生也就在收到书的那一瞬间，露出了真正高兴的神情。（摘自『堤清二と昭和の大物』）

将虎之门书房的逸事写到回忆录里的，是曾在《朝日新闻》工作的桑田弘一郎先生。

> 池田内阁于昭和 35 年 7 月成立，大概是在那之后不久的时候，我记得是一个炎热夏日，应该是周六的黄昏。池田首相前往箱根的别墅休养，永田町一带冷冷清清。当时作为派驻首相官邸的政治部记者，沉浸在许久没有过的闲适气氛下，我顺路就去了虎之门附近的书店。当时，我热衷于读推理小说，正准备去物色一下有什么好书时，突然有人从身后用手按住我的双肩并猛地压下去。大惊之下回头一看，原来是时任官房长官的大

平先生。"你好像在读一些很高端的东西嘛，不愧是伟大的朝日呀。"

这是大平先生拿手的诙谐幽默。一般情况下，这听起来完全是饱含嫌弃的讽刺话，但经大平先生用他的笑容和他的语气说出后，就完全恨不起来了。我也忘乎所以，回敬道："伟大的大平趁魔鬼（指池田首相）不在的时候就想要在书店里自在，这也不是什么猛料啊，哈哈哈……真服了你啊。好啦，今晚就去吃点美味，我请客，你就来吧。"（摘自『大平正芳回想録 追想編』）

外祖父所称的"美味"其实就只有一种，那便是"寿喜烧"。那一天在桑田先生的相伴下，两人好像在外祖父常去的日本料理店里美美地饱餐了一顿"寿喜烧"。

外祖父的大学同窗，现在在同志社女子大学讲授国际关系的镰田志贺子也曾发来邮件，讲述了在虎之门书房遇到外祖父的情景。镰田教授是我在日本电视台采访皇后时结识的。

在虎之门书房的二楼，相距一米的间隔之内，我不止一次见过你的外祖父。我偷偷地看着他到底买了一些什么书。身处那样的职位，我想任何一个学者都会乐于赶来授课吧。……他涉猎广泛地买了不少书，我记得其中必定有有斐阁的基础财政理论和国际金融理论的书籍。

深秋11月的某一天，我试着去了虎之门书房。新刊书籍和杂志整齐划一地摆放在书店内，二楼则被一种凛然的静寂所笼罩着。这家战后不久创办的书店，从外祖父工作的大藏省出发经过十字路口，相距仅仅三个街区。对于不嗜好烟酒的外祖父而言，书店是他享受小憩的地方。缅怀着许久之前的情境，身为外孙女的我也在新书区驻足良久。

而来自镰田志贺子的邮件是这样做结的："大前辈是一位爱学习的人呢。自那之后已经过去了35年，虎之门的'虎之门书房'仍然在等待着重视学习的首相的光临……"

14
家的简史

文京区千驮木周围也被称作"谷·根·千"（谷中、根津、千驮木的简称），这一带小巷和斜坡很多，周边的气氛很适合猫生活。千驮木三丁目有一个叫作大给坂的坡中间，耸立着一棵巨大的银杏树。直至最近坡下还可以看到这株银杏树顶端的三分之一部分。这棵树龄久远的银杏树，不知道究竟见证了多少的人生百态，而实际上其中也包含了我短暂登场的部分。

坡名的由来源自战国时代的豪族大给氏，其以三河国（今爱知县）加茂郡大给为大本营，家世可以上溯归源到德川家的源流松平家。大给松平家很早就开始侍奉德川家康，在明治时期奉还版籍时被赐予子爵，并在千驮木的坡上建造宅邸。

进入昭和时期后，三木证券的创始人铃木三树之助购下这个宅邸，他是我母亲的曾祖父。当时，大给家表示"无论发生什么事情，希望都一定要把这棵银杏树留下来"。铃木三树之助出身岩手县的川崎，那是一个河水泛滥水灾频发的地方。同时铃木从三陆大地震的传说中深知海啸的威胁，因此他到东京之后也只住在高地上。

1945 年，因美军空袭导致家宅全毁的铃木家二女儿志华子一家人意外地搬入了这个宅子。此后直到 1960 年铃木三树之助去世为止，外祖父就住在这个大给坂的家中。如果用《海螺小姐》比喻这一切的话，外祖父就像是河豚田鳟男一样的存在。①

1946 年，从中国复员归来的伊东正义（后来成为大平内阁的官房长官）因无家可归，据称夫妻二人也在此租住了一间屋子度过了两年。另外还有其他一些亲戚借住，加在一

---

① 《海螺小姐》为日本女性漫画家长谷川町子于 1946 年发表的四格漫画，至今已多次改编成动画、真人戏剧、舞台剧等衍生作品，深受日本国民欢迎。作者以一个女性所特有的细腻感受饶有兴味地描绘那些以厨房为中心的家庭琐事以及日常生活中的热门话题，形象地反映了日本战后 30 年社会、家庭生活史。而自 1969 年 10 月开始播放的同名动画迄今已连续播放近 50 年，并荣膺吉尼斯世界纪录认证的"播放时间最长的电视动画"，成为日本的国民动画。河豚田鳟男是海螺小姐的丈夫。——译者注

起的话也是一个非常大的家庭。外祖父在大藏省的同事，还有时任大藏事务次官的池田勇人也曾醉醺醺地深夜到访，家里总是热热闹闹的。

我的双亲也是在大银杏树下的一间独立小屋里开始了他们的新婚生活，而我也是在这个家中降生的。在这棵银杏树上，有松鼠在嬉戏，还在边上木板套窗的夹层里面筑巢产子，着实让人困扰。而这棵银杏树很早就被文京区指定为保护树木，据说东京大学银杏大道的银杏果就是经这棵大树飞去的花粉授粉结出来的。

全长四百米的大给坂的最大倾斜度有 8 度，坡度极陡而路宽仅 3 米，尽管是单行道但一辆车就占了整个路宽，尤其对于家中出入人员甚多的政治家而言，也着实有些不便。

大银杏树静静地见证了外祖父从池田内阁的官房长官转任外务大臣，一步步走上权力高峰的过程。同时，大银杏树也见证了大平家最大的悲剧——东京奥运会即将开幕的 1964 年 8 月，外祖父最心爱的长子大平正树在此告别人世，年仅 26 岁。同一时期，外祖父的政治导师池田勇人将其调任外务大臣。然而，池田本人也在翌年去世。为了远离死亡带来的阴影，外祖父决意转换心情，搬至当时田园景色尚存的世田谷地区。外祖父按照与大给家的约定，将大银杏树所在的周边区域捐赠给了文京区，日后那片区域成了公园。据称因此公园别名"大平公园"，大银杏树也被称作"大平银杏"。而宅邸的旧址，如今并排有 15 间房屋，已不复当年的样子了。

1966 年 11 月，为改变出行堵塞的状况大平家移居至世田谷的濑田。为了找新房子，家里首先请了方位学的大师，大师建议涩谷至世田谷一带宜居。而后父亲坐着房地产公司的汽车来回探寻，最后相中了濑田附近的一块地，我们森田家也顺便搬到了咫尺之遥的地方。从二子玉川出发走上一个缓坡，大平的新家便坐落在那块视野颇佳的高地上。那里也是外祖母的母校森村学园的所有人森村市左卫门最后的栖身之地，听说那附近曾经是森村学园的菜地。

1962 年森村先生去世后，这座宅子一直处于闲置状态。得知外祖父有意搬来后，森村家表示愿意转让。新居占地面积 880 坪，① 建筑面积 108 坪，寓意繁荣，是一座茶屋式的雅致建筑。

外祖父在佐藤荣作内阁时期政治上并不得志。而这一时期，外祖父则在濑田的家中读书撰文。购入的藏书有数千本，读完都寄回了香川老家。在这座房子里外祖父写了整整

---

① 日本主要使用"坪"为面积单位，一坪约等于 3.3 平方米。——译者注

七本书。而在此后的政治活动中被称为哲学的理念，或许就是这一时期形成的吧。继而在年过花甲的 1971 年，周旋于权力斗争中的外祖父继前尾繁三郎之后出任宏池会的第三任会长。翌年，在田中角荣内阁诞生的同时，外祖父出任外务大臣，并向着实现日中邦交正常化而大步迈进。

然而 1974 年 1 月 12 日，濑田的家居然出人意料地遭遇了大火而全毁。那一天是一个特别寒冷的周六，本来那天我应该要去附近温水泳池的游泳教室，但实在是太冷而萌生退意，跑去外祖父家和附近的朋友家一起看电视里重播的特技大赛。在朝着院子的和式房间，我听到了噼里啪啦的响声，出去一看就发现天花板的一部分正在飞速地燃烧着。旁边的保安室负责警卫的警官一边跑一边喊："着火了！快叫消防车。"然而当时连续数日发布了异常干燥的预警，在强风的作用下，火势瞬间蔓延开来，最后将一切都化为灰烬。所幸火势没有波及近邻，也没有出现人员伤亡。那时在家中的只有 12 岁的我、住附近的朋友、刚刚出生的表妹、4 岁的表弟，以及佣人。外祖母当时并不在家，而是带着外祖父访华时毛泽东赠送的汉诗书籍，前去她的书法老师家中给老师鉴赏。她说坐车返回途中，在接近首都高速公路用贺出口时，看到了自己家的方向有火苗上蹿，还听到了消防车的鸣笛声。

外祖父当时则在老家香川县，为参议院补选助阵。外祖父的车在快到演讲会场前的一个红绿灯时，开道的警车下来了一位警官告知外祖父："就在刚才，您在东京的家因火灾全毁，但听说没有人受伤。"据说按照预定计划进入会场的外祖父在演讲时用平淡的语气说："就在刚才，我在东京的家因火灾被全毁。所幸好像没有人受伤，我就安心了。在中国的谚语中，火灾被称为祝融光临，反而是一件吉利的事情。"而好不容易才回家的外祖母也平静地看着失火的现场说："没有人受伤就好了。"那时，和外祖母一起回家的司机新井彦文先生冲去离正屋不远的锅炉室，将铁门关上，阻止了火势进一步蔓延。

火灾的消息成了傍晚的头条新闻，前来慰问的人络绎不绝，送来了大量的毛毯和饭团。而火灾现场没有尽毁的物品也逐渐被搬出来。车库里面则是外祖父常去的新桥高级日料店的老板娘等一大群人，来回张罗着准备临时的饭菜。

火灾的原因到底是什么呢？最开始推测可能是漏电引起的，而后推断是有人故意纵火。我和我的朋友是最早的目击者，当时在家的还有年幼的表弟和刚出生的婴儿以及女佣而已。而后，纵火嫌疑锁定在当时精神不稳定的女佣身上，但考虑到她未成年且尚未嫁人，在会见记者时对外宣称是年幼的表弟玩火所致，那位女佣也被悄悄地送回了老家。而担心作为第一目击者的我被媒体的采访打扰，在那之后一个多月的时间里，我和外祖父母一同住到了市中心的大仓酒店。后来每当想起那时的情况，都有一种难以启齿的感受。时过境迁，外祖母去世的时候，那位女佣来到东京表达忏悔之意，看到她精神的样子，也让我松了一口气。另外，对至今仍背负莫须有之名的表弟，我也深感歉意。

大平新家的设计交托给了建筑家今里隆先生，他曾参与新国技馆及新歌舞伎座的修建。今里先生是现代茶屋式雅致建筑的第一人，也是著名建筑家吉田五十八的爱徒。吉田的代表作包括大矶的吉田茂宅邸和御殿场的岸信介宅邸。

花了两年多的时间，今里先生和外祖母详细缜密地讨论敲定方案后，新家也终于要进入地基工程的施工，却不料惹怒了外祖父。站在深挖开的基坑边上，外祖父突然一改平时的温和，大发雷霆道："我才不要这么大的房子，钱我算给你们，马上停工！"那时的场景，今里先生回忆外祖母的文章中也有提及。"我正不知所措，想着到底该怎么办，心情就像触礁了一样。但几个小时后，和态度毅然的大平夫人商量的结果，终于让我心头放下了一块大石。这件难忘的事回想起来就像前几天刚发生过一样。……对大平大臣的怒吼，夫人也没有当场顶撞，而是干脆利落地说，'确实太大了的话之后会很麻烦啊，不过太小的话也是很不好呢'。我和夫人瞒着大平秘密约定，不计算储藏室的面积，而将八十八坪这个寓意繁荣的吉利数字告诉他，大平大臣也高兴地认同了结果，一座完美的宅邸就此完成。"（摘自『大平志げ子夫人を偲ぶ』）

就这样，1978 年 8 月外祖父的新宅顺利竣工，刚好是他登上首相之位四个月前的事。房子从门廊开始，到正门、客厅、茶室都是待客的区域。另外，在房子的正中间是兼具起居室和餐厅功能的大客厅。外祖父也曾在家里的餐桌上推敲过施政方针演说等重要文件的草稿。今里建筑风格的精髓在于屋顶的美观。庄重的日本瓦覆盖的大屋顶让人倍感安稳，并赋予了根植于日本风土和生活文化的平静安乐。之后这个家也接待过来自世界各国的诸多政要，但外祖父在这个家却仅仅生活了两年不到的时间。

外祖父去世后，家里拜托今里隆先生负责摆放在家的祭坛以及墓碑的设计工作。今里先生一口答应称："墓是一个人生活最久的地方。我会用心去做的。"今里先生在外祖父老家的香川设计了面朝濑户内海的日式纵型墓地，又在东京的多磨灵园设计了横型的墓地，在多磨灵园的外祖父墓地旁安眠的则是其最钟爱的基督徒长子正树。

遗憾的是濑田的家之后被拆除，现已不复存在。大型房地产开发商在获得原址的土地后，建造了低层的商品房公寓进行销售。

　　家，不仅仅是在风雨和俗世中守护自己的避风港，也是家族之间孵化爱情的场所。在那里入眠、觉醒，迎来日复一日的新生。而对于外祖父而言，那里也是为了最钟爱的读书所建造的方舟。

今里隆设计的大平宅邸
照片提供：杉山隆事务所

15 权力的暑假

——轻井泽物语

2014 年 8 月 17 日，我在轻井泽迎来了自己 52 岁的生日。我的生日正逢盂兰盆节的休假，东京的餐厅几乎全都歇业了。正是酷暑当头的时节，脑海中也浮现不出想要吃的东西。在此情况下，恰逢高松松平家的主人松平赖武先生在轻井泽的别墅举办生日会，我也荣幸地沾了光。以前就得知松平赖武先生整整大我两轮，同样也是在虎年的 8 月 17 日出生，而这一年便收到了松平先生的邀请。

松平先生的太太丰子女士从最后的幕府将军德川庆喜家，嫁入了水户光圀公后裔的高松松平家，同为三叶葵家纹的两家人喜结连理。又因我的祖籍是香川县的讚岐，故而对高松松平家抱有格外的亲近感。

从轻井泽站出发往云场池方向的那一条路被称为"鸠山路"，鸠山家的隔壁便是松平家的别墅。进入别墅大门后，穿过宽敞的道路，便是亲切迎接着来访者的玄关。这座别墅建造时日还比较新，也能够抵御冬日的寒冷。

参加生日会的客人，除了松平家的家庭成员外，还有他们的亲戚越前的松平先生夫妇、精工公司的服部夫人悦子女士、设计师岛田顺子、前首相麻生太郎的妹妹相马雪子、池田家的母女等，一共20多人。

生日会的宴会是立式自助餐，母女同为美食家的野村纮子和松平家的媳妇大显身手，餐桌上摆满了各类美食。巨大的屋顶露台连接着客厅，作为松平家在轻井泽生活的重要场所，这里早就闻名遐迩。在轻井泽众多的别墅露台中，松平家的露台是格外惬意的一处。被梦幻般的雾气所环绕的庭院里，忘忧草开着花。宽广的庭院打消了惊扰邻里的顾虑，觥筹交错中，在著名手风琴演奏家的伴奏下，我们轻快地唱着儿时的歌曲，到最后不知不觉地大家就围成了一个圈跳着集体舞，没有比这更和睦温馨的派对了。

归途中，我一时思绪驰骋，这种特别的气氛到底是从何而来呢。或许，那是源自轻井泽此地的历史吧。

长野县北佐久郡轻井泽町，海拔 1000 米。1886 年，基督教传教士的到来掀开了这里成为度假胜地的序幕。此处 7 月平均气温 19.5℃，8 月为 20.5℃。因英国、美国、加拿大等国没有梅雨季节，对明治时期生活在日本的外国人而言最难适应的便是日本夏天的湿度。于是他们纷纷开辟了日光、箱根以及关西的六甲山等避暑胜地。

轻井泽地区过去是中山道上的驿站。从板桥宿起算，轻井泽是中山道上的第 18 个驿站，加上之后的沓掛和追分，这一地区被称为浅间根腰三宿。追分宿是中山道和北国街道的分岔路口，沓掛宿是前往草津的入口，因而去温泉疗养的客人很多。在"参觐交代"制度尚存的时代，拥有百万石领地的加贺藩前田家在前往江户途中，为了翻越碓冰峠便会在轻井泽宿换马。碓冰峠是日本的太平洋沿岸文化和日本海沿岸文化的交汇处。然而，据称因修建了新国道，这条路从明治中期开始就完全荒废了。

1783 年的浅间山火山喷发造就了轻井泽没有树木的原野景致。这里最初是由寻找夏日避暑地的外国人发现，之后逐渐形成了特殊的区域。

1891 年夏天，在轻井泽通过了一项划时代的规定，要求旧道上的客栈和艺伎坊到 9 月 30 日为止节制歌舞娱乐。当时碓冰峠隧道正在施工，约两千名工人住宿在国道和旧道沿线附近。尽管对于这些人而言非常需要娱乐设施，但是艺伎带来的大声喧闹着实让外国人一筹莫展。而这一规定对时至今日轻井泽地区形成的特殊氛围有着巨大的影响。

由此，不同的文化在碓冰峠交汇和融合。二战前，皇族、华族、实业家、文化人士聚集此地，加深了和外国驻日高官的交流。

美日开战之际，时任美国驻日大使的约瑟夫·格鲁就在此地和新渡户稻造、牧野伸显、桦山爱辅、近卫文麿等天皇亲信商讨两国应避免战争。日方与会者多在英美生活过，兼具知性和品性，政治上信奉自由主义。格鲁期待这些人能够形成一股和军国主义者对抗的势力。

甚至毫不夸张地说在经历了不幸的战争年代后，战后民主主义的雏形是在轻井泽诞生的。1951年旧金山和会召开前的8月15日，日本国会制定了《轻井泽国际亲善观光文化都市建设法》。一个小城镇经由众议院和参议院的审议被定位为国际亲善文化都市是极其罕见的。并且，战后轻井泽的发展和正好与"日本株式会社"在世界经济中高速增长的步调保持了一致。

战争结束后不久，当时皇太子的家庭教师维宁夫人留下了关于轻井泽的手记。维宁夫人来日，是昭和天皇亲自委托美国对日交流使节团的团长促成的。据称当时提出的条件是美国女性、可以是基督徒但不是狂热的信徒、不是熟知日本的"过度亲日者"。这一时期可谓日本皇室和基督教的蜜月期。

如今的天皇在维宁夫人的引导下，迈出了战后民主主义时代新式教育的一步。维宁夫人后来如此回忆道：

> 在日本期间，每年一到夏天，皇室都会在夏季假期为我在轻井泽准备别墅。……我们的家在一座小山上，可以俯视下面的村庄，非常舒适。住处被散发芬芳的巨大冷杉所环绕，从树木的缝隙中可以望见远处的山峦。间杂着橘色、白色、黑色羽毛的小鸟在露台旁边的冷杉之间轻盈飞舞，忽而消失，忽而在我们的桌椅上悠然休息。（摘自『轻井沢物語』）

这处旧轻井泽的别墅是宫内厅从三井家借来的。其实，现在我们家在轻井泽的小别墅所在地区的一处还立着一块写有"维宁夫人别墅旧址"字样的纪念碑。那里位于旧轻井泽的三笠大街入口处，现在是曾受三井家赞助的日本女子大学的宿舍。地址标记着"长野县轻井泽町山之神"，大山之中供奉着巨大的冷杉，暑期的清晨常会有到访此地的女大学生散步的身影。

1965年前后，大平家从同乡的前辈、原大藏大臣津岛寿一那里接手了一处旧轻井泽爱宕的别墅。别墅的门牌号码是710，这是很早之前就有的轻井泽的登记门牌号。听闻当时还没有电话，采取这种编号体系可利于迅速投递邮件。

位于该区域的传统别墅，没有栅栏围墙，也没有玄关。为了适应多雨的气候，这里的露台都带有屋顶，将家具移到露台小憩，这便是轻井泽式建筑的特色。同时也被称作西式的檐廊。这座房子当时已是建了多少年了呢，浴缸还是铁制的洗澡桶，需要用柴火烧沸。泡澡的时候要踩着踏板以避免碰到铁釜，小心翼翼地入浴。对于儿时的我而言，每天晚上都好似恐怖的冒险。夏季休假时，外祖父最喜欢的娱乐便是在别墅里看高中棒球联赛的电视转播。早早吃完晚饭后，穿着和服、脚踏木屐的外祖父会带着我一起出门，一手拿着手电筒走到旧道的商店街去买刨冰。外祖父喜欢吃宇治红豆小丸子刨冰，大概是并不嗜酒的缘故吧，他格外钟情红豆馅儿。

那时候交通网也不发达，更不可能有快递，大家都习惯去旧道上的商店街购物。有时会有身着农村劳动裤的妇女小贩，头上包着日本布手巾，背着巨大的背篓来卖蔬菜和水果。玉米、桃子、银杏果，新鲜时令瓜果的美味至今都无法忘怀。

电车从上野站出发，为了翻过碓冰峠会在横川站转接牵引车厢而短暂停留。在此期间，我们会买釜饭吃。釜饭的名店"荻野屋"的店员会用礼貌的招呼送我出门。愉快的暑假结束后，从轻井泽清爽的空气和欢悦的心情回到上野站时东京的喧闹，种种的一切都令人怀念。

轻井泽别墅区域的开发是从爱宕开始的，不过这一区域的道路十分狭窄，而且又因为没有栅栏，所以外祖父任首相的时候，由于安全警卫的原因无法使用此处的别墅。这是多么遗憾的事情啊。而后，在找了一圈出租的别墅之后，决定摒弃前嫌（来龙去脉将于下一章详述）租下三笠路上佐藤荣作的别墅。尽管按照轻井泽的成规这里也没有围墙和栅栏，但这座别墅实际上配备有警卫岗亭和保安室。外祖父只在这座别墅度过了两个夏天而已。在外祖父之后，铃木善幸、中曾根康弘等历任首相也租用这座别墅避暑度假。曾经从新潟坐着列车翻越碓冰峠来到东京，出任首相时年纪最轻的田中角荣的宅邸也在附近，而田中家之后还购入了稍显偏僻的德川家的别墅。他们或许就是一边打高尔夫球一边谈论着政治上的难题，并决定自民党内派系的人事安排吧。

曾经，日本的政经界和文化界人士，因高原避暑胜地轻井泽的白人圈子带来的强烈吸引力而纷纷来到此地。此后经济界人士的疗养设施也逐步建成，并在此相继召开各类学习会等活动，轻井泽也成了独一无二的特殊度假胜地。

轻井泽得以闻名全国的契机，毫无疑问是当今天皇夫妇在此结缘走向婚姻殿堂的逸事，即"网球场之恋"。据说当时的皇太子和正田美智子小姐在网球混双比赛中偶然对战，结果美智子一队获胜。美智子的坚韧淑美让皇太子一见钟情，最终两人成婚。这也是我在日本电视台的时候多次在节目中介绍的日本最著名的恋爱故事。在两人相遇的轻井泽的网球场举行的国际网球赛俗称"轻网"，是此地别墅拥有者的社交场。轻井泽并不像箱根那样有温泉，也不如日光一般有壮美的文化遗产。但在此拥有别墅的人们所组成的群体本身就为此地带来了独特的光景。在这里，谁都能通过朋友或熟人的介绍购买土地，建造别墅，家族互相之间交流感情，这种交流会超越世代，一直延续下去。清爽的凉风抚摸脸庞，在清澈深邃的蓝天下和大自然嬉戏，在运动场上抛洒汗水，不同世代的家族成员相聚一起享受休假生活，这种度假方式经过岁月的沉淀也逐渐定型。

皇后美智子的本家正田家有在轻井泽避暑的传统，即便在二战时的疏散期，也是在这里度过的。而为了能让皇室更为开放，当时皇太子的导师小泉信三住在万平酒店，教育皇太子养成与同学、一般市民相同的生活和习惯。而下榻千泷王子酒店的皇太子据说会自己驾驶着"王子"牌汽车前来网球场。当时球场由于没有更衣室，大家都是穿好网球服来的，正田美智子也是带着网球拍骑自行车从别墅过来。那种情景，在记忆中恰恰是非常潇洒的轻井泽的画面。

的确，轻井泽和东京不同，皇族和一般市民近距离接触的机会也许在不知不觉中就会到来。而这到底是何时成型的，具体时间并没有定论，但听说皇太子夫妇下榻王子酒店的时候，外祖父也曾来过此地。

现在的天皇是 1959 年 4 月举行大婚的，时值岸信介内阁时期。在那之后由于日美安保问题，岸信介内阁下台，池田勇人内阁成立。外祖父大平正芳在池田内阁中担任内阁官房长官，与新婚不久的皇太子夫妇一同履行公务。由于皇太子夫妇的婚礼，电视机在普通家庭中迅速普及，外祖父也成为电视时代的首任官房长官。因外祖父当时的形象在全国广为传播，甚至在成为首相之后，在街头仍然会听到民众说："啊，那就是大平官房长官！"

外祖父觐见皇太子夫妇大概是在中午的时候，后来听人家说，在成婚不久的美智子太子妃关心下，外祖父当时品尝了玉米和鳕鱼子的饭团，并且干脆利落地就吃完了，让美智子很是高兴。

皇太子夫妇结婚后，最初每年也都会到轻井泽打网球，然而由于安保等原因，渐渐地就不太来了。现在大多是路过轻井泽不停留，直接去草津出席在当地举行的音乐节。

2003 年的夏天，天皇夫妇时隔 13 年再次来到轻井泽，和绪方贞子夫妇一起打网球。然而由于担心交通管制给当地人的生活造成困扰，天皇夫妇也十分犹豫是否要去轻井泽街道上散步。或许是天皇夫妇非常想要看一下当地的景致吧，据说两人最终还是选择赶在早上 7 点前，悄悄地从网球场散步到了旧轻井泽银座。

轻井泽的魅力，不单单是一处度假胜地，还在于长期以来在此地别墅居住的人们所营造的氛围。

早年的避暑游客所提倡的轻井泽口号是"不求娱乐于人，但求娱乐于自然"。漫步于大自然，在户外运动挥洒汗水，这些破天荒的崭新思想通过到访此地的外国人被带入日本。而后，形形色色的资本家又上演了一幕幕华丽的"仲夏夜之梦"。如今从旧街道的商店街走上爱宕山，会看到沿途坐落着多年都无人到访的破败别墅，但同时也可以看到不少新兴企业的主人建造与此处气氛格格不入的豪宅，周围墙壁环绕，仿佛高高在上一般。

曾经散发独特魅力的轻井泽，作为旅游胜地和休闲胜地的轻井泽，今后又将走到何方呢？开拓者正静静地守望着高原避暑胜地的未来。

16 命运之人

——围绕『密约』问题

2010 年 3 月 19 日，众议院外务委员会传唤四位知情者，就所谓"密约"问题进行质询。这是 2009 年夏天民主党执政半年后的事情。委员长铃木宗男宣读了知情者的名字。他们是原众议院议员森田一、原《每日新闻》记者西山太吉、原外务省条约局长东乡和彦、原外务省事务次官齐藤邦彦。四人按宣读顺序依次登上证人台。

当时我隶属于民主党玉木雄一郎的后援事务所，同时又想听父亲森田一的证言，于是就坐在外务委员会旁听席上。
9 点开会，会前众议院议员小渊优子也来了。我和优子自从
纪念日中邦交正常化 30 周年之际，一起参加了在北京举行
的植树纪念等一系列活动以来，这次是时隔 8 年的重逢。我
问她："你现在在外务委员会吗？"她回答说："不是，这和
我没关系，其实是我丈夫想来旁听，我只是作陪的。"通过
优子的介绍，我和她的丈夫、TBS 的制作人濑户口克阳交换
了名片。濑户口克阳曾经亲手将轰动一时的山崎丰子的小说
《华丽一族》改编成电视剧。这时我突然想到，接下来他大
概是要把《命运之人》改编成电视剧吧。众所周知，《命运之
人》正是描绘外务省泄露机密事件、糅合了战后政治、纪
实报道等元素的山崎流大作。主人公的原型正是排在父亲之
后作证的西山太吉先生。① 我向优子夫妇说道："其实，大

---

① 西山太吉是原《每日新闻》政治部记者。1972 年就冲绳返还交涉时围
绕是否垫付将美军用地恢复原状费用的"密约"采访，他因参与了文
件泄露而被认为违反了国家公务员法，并被最高法院定罪。因起诉的
理由是"泄露国家机密行为"，审理始终围绕他对机密文件的取得方
式进行，而检方并没有追究密约的真相（该事件被称为外务省机密泄
漏事件、冲绳密约事件或西山事件。小说《命运之人》正是以此为原
型）。此后西山等人得知在美国发现了证明"密约"存在的文件后要
求政府公开信息，但政府予以拒绝。2009 年 3 月他提起诉讼，要求政
府撤销不公开的决定。2010 年 4 月 9 日，东京地方法院在判决中承认
密约文件的存在，并就政府的应对指出"在调查不充分的情况下，这
是蔑视国民知情权的不诚实行为"，全面支持西山的诉讼请求。判决要

平家和西山家还有姻亲关系呢，但那件事以后已经不来往了。"

委员陆陆续续地到了，坐成半圆形。当时的在野党自民党席位上坐着安倍晋三，还有我中学时代以来的同学河野太郎先生。

在民主党形势逼人、政权更迭的迹象明显之时，我的父亲森田一留意到了报纸上一个小小的报道。民主党的冈田克也宣称说："如果民主党取得政权的话，一定会把'密约'问题搞清楚。"冈田先生决心十足，如果需要我出面的话，我作为历史的见证者一定会好好作证的，在那个时候父亲便已经暗自下了决心。

冈田外相想要核实的"密约"有四个，其中两个和外祖父大平正芳直接或间接相关。这两个中的一个是搭载美国核武器的潜艇在日本靠港停泊时的"核运入"问题。这个问题和本章的主题"命运之人"无关，之前已在第9章作了详细介绍，但在本章末尾会略有提及。有关"核运入"问题，外祖父1963年从驻日大使赖肖尔处得知此事之后便独自苦恼，希望日后一定要找机会向日本国民澄清这个事实，然而他就

求外务省、财务省撤销不公开信息的决定，公开相关信息，并赔偿原告每人10万日元（政府于4月22日向东京高等法院提起上诉）。

《读卖新闻》报道众议院外务委员会有关"日美密约"的证人质询。左起第2位是西山太吉，他左边是父亲森田一。2010年3月20日《读卖新闻》（资料提供：读卖新闻）。

这样背负着十字架去世。我想父亲也因了解外祖父的遗憾，才决心作证。

如果当时自民党继续执政，没有政权更迭这样的巨大变革，恐怕这些核密约就难有真相大白的一天吧。

说来也巧，父亲还是外祖父直接、间接参与的这两个"密约"的当事人。刚才提到的"核运入"问题，那时父亲任外务大臣外祖父的秘书故而知晓此事。另一个则是他在担任大藏省事务官时负责的任务，即垫付1972年冲绳返还的补偿费问题（这个"密约"后来演变成外务省机密泄露事件）。

1970年起的一年间，父亲担任大藏省主计局法规课的课长助理。法规课的职责类似内阁中的法制局，负责处理各部门转来的各种财政支出相关问题，当时的冲绳返还补偿费一事就是外务省条约局转来的。正因为内容敏感，一开始的磋商都是在外务省的会议室进行的，而外务省提到的尽是向美方支付费用的内容。对此，大藏省主计局法规课课长户塚岩夫提议："美方难道不应该向我方做出些补偿吗？"理由则是例如归还机场后，不可能就这么按原样还给土地所有人，向美方索取将土地恢复原状的费用可谓理所当然。于是任课长助理的父亲前往当地进行调查。这一决定的背后，也可管窥大藏官僚和外务官僚之间的竞争意识。当时从日本前往琉球群岛的冲绳是需要护照的，父亲前往当地出差一周，以经济调查的名义和当时的琉球政府多次畅谈。由此，原先估算恢复原状的预算为360万美元，后来提升到400万美元（金额的计算依据日后众说纷纭，对此事父亲没有留下任何文件资料，因此无论怎么调查也没有确凿的根据）。但是对日方的提案，美国却是坚决不让步。因为在美国，国会对于政府收入的问题不会为难，但是任何支出都需要得到国会的承认，因此难以接受日本的条件。急于实现冲绳返还的日本政府最终决定由日本方面来垫付这些费用。

当时是佐藤荣作当政，外祖父在政治上正处于被冷遇的状态。父亲为了测算美国应该付给日本的补偿费而出差到冲绳一事，也没有告诉外祖父。因为他考虑到此事对于政治家外祖父而言，并不能加分，反而更可能减分。

此外，当时父亲被西山叫去聚餐，西山借机采访他对这件事是否知情，① 然而父亲对自己前往冲绳调查和自己估算的结果只字不提，一直强调"我什么都不知道……"但同时父亲也惊讶于西山记者所掌握情报的详细程度。

当时西山记者通过一位外务省女性事务官获取了证实密约的机密文件，为了隐藏消息来源，他把机密文件交给了社会党的横路孝弘议员，使其得以在预算委员会上向佐藤内阁发难。就这样，机密泄露一事浮出水面，日本举国哗然，佐藤荣作首相方面则猜忌这是外祖父和田中角荣发动的倒阁策略。

如前文所述，西山记者是外祖父的跟班记者，以此为契

---

① 　西山因在《每日新闻》政治部干得风生水起而出名，也得到了外祖父的青睐可以自由出入大平家。

机，日后双方还结成了姻亲关系。可能正因如此，坊间才会流传着各种误解和臆测。但即便出现了那样的报道，当时的外祖父对此事一无所知。顺带提一下，父亲直到外祖父去世也没有向他吐露过此事的真相。

不久之后，政府通过向《每日新闻》竞争对手泄露情报等手段，将日美之间的重要政治问题巧妙地转化为"性丑闻"，成功转移视线。监督权力的媒体就这样被国家的权力所践踏。

由该事件引发的抵制《每日新闻》运动逐步扩大，报社陷入了经营困难的境地。无独有偶，那位山崎丰子正是《每日新闻》社会部的记者。据说西山记者对山崎的作品《命运之人》非常不满。也许是因为在基于事实的小说之中，有着诸多当事人不能接受的记述吧。在《命运之人》中，有一位说话腔调是"啊—呜—"，绰号为"老爹"的小平官房长官，尽管对于小平家情况的描绘十分细致，但当时山崎并没有直接采访过外祖父，因此也有很多感觉不符之处。要是小说被拍成电视剧的话，恐怕有更多的问题吧。

在国会的外务委员会上，西山太吉作证称，"原本应该接受制裁的人却自始至终逍遥法外"，"政府的密约迄今为止仍未被追究，过了三十多年后终于到了接受检验的时候了。这是日本的结构和整体层次低下的问题。无论是司法、政府权力及媒体都是如此。此外还有掌权者的政治意识都体现在其中"。

事件当时，《每日新闻》的记者西山太吉在各大报纸激烈的独家新闻竞争中，是公认的手握猛料的名记。他的绰号是"FUTOKICHI"，这不仅源于其名字太吉的发音，据说也与其恃才傲物的性格有关。当时外务省的记者俱乐部俗称"霞俱乐部"，是俗称"NABETSUNE"的《读卖新闻》渡边恒雄记者和比他年轻 5 岁的《每日新闻》的"FUTOKICHI"西山太吉记者两巨头的天下。

外祖父大平正芳活跃于政界的时候，远非电视新闻发达的年代，提到政治记者往往指的都是大报社的记者。朝日、读卖、每日、产经、日经……各家报社的熟面孔每天都不分昼夜地聚集在大平家的餐厅里，从吃早饭时就忙于工作，一直到晚上共进夜宵的情景并不罕见。《命运之人》还提到大平家的保姆甚至都知道每个记者对煎鸡蛋的口味偏好。其实我也从小就常常给记者准备每晚的下酒菜。外祖父被记者昵称为"老爹"，尽管外祖父去世已经 35 年，但至今他们还会举行类似同窗会一样的聚会。

这对日夜担忧国事，在侃侃而谈中发展成为肝胆相照情谊的他们而言，可谓是顺理成章之事。政治家为跟班记者充当媒人甚至为其孩子起名的也很多。在这样的氛围中，西山

　　夫人的弟弟和外祖父的侄女也开始谈婚论嫁，最终还结了婚，就此西山家和大平家成了姻亲关系。

　　但是自那件事情之后，西山就再也没有到访过大平家，我们也没再见过面。直到此次出席外务委员会作证，作为外祖父的秘书、继承其国会议员席位的父亲森田一与西山的重逢，中间相隔了40年的岁月。

　　外务委员会会议结束后，根据规则媒体的采访必须在国会外进行，西山刚一进入国会和议员会馆的连接通道便陷入了媒体的围堵之中。西山感慨地说："我从没想过能在这样一个场合发言。真是恍如隔世。"送走父亲后我等待西山结束采访，看准时机对他自我介绍说："我是森田一的长女满子。"西山严肃的脸上突然浮现出微笑："诶，是芳子的女儿吗？芳子最近好吗？真想见她一面啊……"随后我和他交换了名片，并说："我妈妈也说很想见您。等您来东京时请一定到我家来玩。"两个月后西山带着一升装的烧酒真的来了。考虑到他一直以来的艰辛，身为外祖父的家人却帮不上什么忙，感到内疚的母亲亲自下厨，好好招待了他一顿。长久以来的担忧和顾虑不过是杞人忧天，借着烧酒的酒力，40年岁月的隔阂一下子就消除了。西山聊了许多温情的插曲，他后来卖掉了在成城的房子离开东京，他儿子找工作时渡边恒雄这位曾经的竞争对手还出了一臂之力。而过去两家联姻下诞生的西山的表外甥也赶来参加，晚饭吃得其乐融融，真可谓一生唯有一次的缘分。

那件事以来，每当我的父母接触到"西山事件"和《命运之人》的相关报道时，总是备受良心的苛责，这种心情在当天的晚宴上终于烟消云散了。

西山因 1972 年获取冲绳返还密约的相关机密电文而被最高法院判定违反国家公务员法的罪名。在 2012 年 2 月 7 日的参议院预算委员会上，2009 年政权更迭后任外务大臣、果断决定调查"核密约"问题的冈田克也向西山道歉，表示"真的十分抱歉"。此外他还声称："（西山是）国家密约问题的一个牺牲者。我对他身为记者的行为表示一定的敬意。至少到 1990 年前后为止，历任的首相、外相尽管都从外务省听取了（核密约的）报告，但在国会上始终予以否认，这是难以原谅的。作为国会议员，我们应深刻地进行反省。绝不允许将错就错。"

另外，西山在外务委员会作证的证词中就外祖父和宏池会的政治作了以下发言。

核运入问题这个十字架，大平正芳从担任池田内阁的外务大臣起就已经背负上了。然后政权从池田内阁换到佐藤内阁。作为主流保守派中的主流，宏池会当时的态度以及大平正芳的态度给我留下了极为深刻的印象。那就是，即便眼前存在意识形态截然不同的势力，也不是想要去抹杀他们，而是不断承认对手的立场和存在。例如对中国……虽然在立场上完全不同，想法也各异，但是通过不断的接触，想要找出彼此的妥协点，他们具有这种相对主义的政治姿态。我想在现代政治中正需要这种态度吧。

西山此后在故乡九州的福冈和妻子启子一同生活。在西山来访我家前，她曾经和我通过一次电话。她说："西山一开始喝酒的话就停不下来了，我担心会不会给你们添麻烦呢。"关心丈夫的爽朗声音给我留下了很深的印象。在我之后接过电话的母亲和已跨越内心纠葛的启子之间，就往事和近况进行了长时间的交谈，不时还潸然泪下。西山太吉今年84 岁，而启子已于 2013 年 2 月先他离世。

17

东京七国首脑峰会秘辛

　　我们家很喜欢用的法国利摩日瓷盘的背面，刻着"吉斯卡尔·德斯坦——法兰西共和国总统赠"的金色字样。

　　其实这件瓷盘是在 1979 年 6 月底召开的第五届七国集团首脑会谈东京峰会之际，赠送给担任峰会主席国首相的外祖父的礼物。因我在日本电视台参与制作美食节目的关系，母亲将它转送给我。这是一件正统的绘图装饰盘，稍带绿色的白底上，勾勒着嫩绿色的植物。不管是日式菜还是西式菜，这件瓷盘都很相衬，用起来也非常顺手，因此我十分喜欢。

日本首相在出访的时候，都会选择伊万里烧的瓷器作为国礼赠送，不过外祖母常常挑选漆器作为礼品相赠。漆器在英文里被称为"Japan"，是日本值得自豪的餐具。它由树木里萃取的树脂涂成，在制作过程中不需要使用火。在向外国人说明这些时，他们都会表示叹服。

外祖父组阁后的次年春天，因1975年起举办的七国首脑峰会即将首次在日本召开，首相官邸秘书办公室就开始着手准备工作。我的父亲也作为秘书连日忙得不可开交。

围绕如何招待各国首脑的问题，同首相府的协调也在进行中。恰在此时，一通电话打进了官邸的秘书办公室。

"峰会上的料理已经决定了吗？"打来电话的人是很早以前就熟识的吉兆料理店老板娘汤木照子女士。在这之后，峰会午餐会的料理就委托给了吉兆料理店。犹如千里眼一般的老板娘仿佛洞察了官邸秘书办公室的情况，在绝妙的时机打来了这通电话。这种营销能力真不愧是掌管"天下的吉兆"

的老板娘。

之后，根据首相府的正式委托，七国首脑峰会上第一次出现了日本料理，在赤坂迎宾馆游心亭举办的午餐会料理和筹备工作全部交由吉兆料理店负责。

参加峰会的宾客有美国总统卡特、英国首相撒切尔夫人、意大利总理安德烈奥蒂、加拿大总理克拉克、联邦德国总理施密特、法国总统吉斯卡尔·德斯坦，以及会议东道主、外祖父大平正芳。

为了了解峰会上的故事，我专程拜访了老板娘。宴会首先入座的是法国总统吉斯卡尔·德斯坦。据说他那让人联想到贵族的容貌，在他优雅的举止衬托下显得更为突出。他慢慢脱下鞋子后，弯下腰亲自将鞋子摆放的方向转了过去。在稍远处的老板娘心想："啊，看来这位先生一定是接受过茶道的讲座吧。"

美国总统卡特和联邦德国总理施密特是一同出现的。两人脱掉鞋子站起来的时候，手拉手像两个大男孩一样一起"咚"地窜上宴席。欧美人通常不会在别人面前脱下鞋子，因而脱鞋本身也就成为独特的外国文化体验。

宴会的地方被幛子分为休息室和宴会厅两处，挂着的图案分别为"石山切"（伊势集）和"佐竹本三十六歌仙绘之在原业平"，^① 巨大的榻榻米前的筐内摆放着满满的山紫阳花，大和郡山藩柳泽家祖传描金画的砚台盒装饰在客厅。宴会的菜单如下：

前菜　　八幡卷、盐蒸鲍鱼、夏令烤鸭胸、山桃、煮甜番薯

　　　　仁清写舟型盘

汤品　　葛粉裹鲼鱼、秋葵、梅子酱

　　　　彩纸诗笺描金碗

烤品　　盐烤保津川鲇鱼、蓼醋

　　　　青花盘

珍馔　　天妇罗（大虾、白丁鱼、毛豆）

　　　　宗长漆盘

杂煮　　加茂茄子、芋头

　　　　鲁山人制缠线盘

石烧　　近江牛、小洋葱、酱菜沙拉

---

① 《石山切》是日本国宝级古墨迹《西本愿寺本三十六人家集》中《伊势集》的断简。1929 年与《贯之集·下》同时切离时，因本愿寺位于大阪的石山附近而得名。《佐竹本三十六歌仙绘卷》是制作于 13 世纪的画卷，为镰仓时代肖像画、歌仙画的代表作品。原为上下两卷，每卷 18 人，共计绘有 36 名著名的和歌诗人肖像。1919 年被切离为每人的单幅挂轴，在原业平是其中一人。——译者注

饭品　　鸡肉烩饭、腌海带和紫苏咸菜

黑涂碗

果品　　哈密瓜、木瓜果冻、葡萄

刻花玻璃杯、小碟

甜品、清茶

1979 年 6 月 29 日，东京七国首脑峰会午餐会，左二为外祖父

照片提供：《产经新闻》

时值 1979 年，各国首脑恐怕是第一次体验日本料理。据称意大利总理安德烈奥蒂在宴会中朝着远处的老板娘和女

服务生频送秋波，意大利人的风流范显露无遗。

至于生鱼片，则没有出现在宴会的菜单。此外，还订购了应时的京都保津川的鲇鱼用来盐烤，但因"外国人忌讳吃有头的鱼"，于是切除了鱼头、鱼尾以及内脏。

各国首脑在享受美味料理时，只有外祖父没有品尝。其实可能是由于堆积如山的议题和身为东道主的压力，外祖父从前一天开始就遭受神经性腹痛的折磨，处于无法进食的状态。吉斯卡尔·德斯坦总统关心地问道："为什么不吃这么好吃的东西呢？这会儿就享受一下这些食物吧。（议题）到下午慢慢谈吧。"因为这件事，各国首脑觉得"不能再继续给大平施加压力了"，因而也使得会议气氛转为各方让步以求达成共识。

料理得到了各国首脑的好评。特别是吉斯卡尔·德斯坦总统和撒切尔首相对料理十分赞赏，之后致外祖父的感谢信中还对吉兆的料理赞不绝口。起初，峰会秘书处做出通知，宴会的主人是日本首相大平正芳，负责料理者不可以露面打招呼。但宴会结束后，各国首脑起身离席之前，外祖父亲自向他们介绍了汤木贞一，汤木也赢得了大家的交口称赞。

对于如此成功的款待，从料理到各种调度均一手操办的汤木先生称："因为从国外来的客人在生活习惯和饮食文化上有所不同，所以在制定食谱的时候费了一番心思。但是，我想也不能过于迁就，失去日本料理的特点。日本料理和西洋料理，就好比是酱油和调味汁的对决。""我得以负责峰会的料理，就好像终于部分实现了推介'世界知名的日本料理'的夙愿。"（摘自『吉兆 湯木貞一のゆめ』）就在前一年（2013 年），日本料理被列入世界非物质文化遗产名录，而且最近世界各地兴起了"和食"的热潮，由此想起汤木的这一番话真是恍如隔世一般。我再次觉得，正是经历了那样的一个时期，才造就了今天的样子。

值得一提的是，正是外祖父提出了将日本酒作为"国酒"用于正式晚宴干杯的建议。这个想法还要追溯到日中邦交正常化之际，做东的中国在晚宴上以本国的"白酒"进行干杯。受到中方款待的外祖父认为，在日本明明有用"水、米和米曲"酿造的日本酒，无疑是凝聚了大和魂的酒，但在外交场合的晚宴上总是以法餐加上葡萄酒来干杯，这种办法欠妥，于是提出了上述提案。

联邦德国总理施密特曾赠给一瓶白葡萄酒，据说是产自德国最好的葡萄酒产地莱茵高的上等好酒。这是 1945 年第二次世界大战结束那年，由著名的约翰山酒庄酿造的。当年风调雨顺，葡萄丰收，葡萄酒行家称之为"伟大的一年"。然而战争刚刚结束，男丁尚未从战场归来，葡萄最终由留守家中的女人负责采摘和酿造。施密特总理以这瓶白葡萄酒相赠，应是寄托了希望和平的愿望。

然而大平家并没有酒窖，未能十分郑重地处置这上等的葡萄酒。考虑到如果就这样放着的话反而有点暴殄天物，大平家的三子大平明和他的朋友很快就在某一天把这瓶酒一饮而尽。由于当时我还未成年，也不了解葡萄酒的知识，没能品尝到这葡萄酒的味道。家里要是谁机灵一点，把这酒存在某一处酒窖里就好了。一想到这里，我内心就满是遗憾。

据说东京峰会一开始，当外祖父还在按照日本方式小声地致辞时，那位施密特总理在旁边敦促说："（客套话放一边，）赶快进入正题吧。"这真是干练的施密特和外号是"钝牛"的外祖父之间的趣事。

次年的1980年5月访问联邦德国之际，这也是外祖父的最后一次出访。为了在首脑会谈中可以坦率地交流，外祖父和施密特不带随员，在施密特的办公室里进行了一对一的会谈。

外祖父喜欢英语，每天早上都朗读英文报纸，也读了不少英文版的书籍。在国际会议等正式场合虽然配备翻译，但是我想即便没有翻译外祖父也能展开对话。听说在那次会谈中，两人对包括各国首脑的才干能力、性格等在内，都毫无保留地交换了意见。恐怕欧美的首脑之间时而会有这种氛围的会谈，不过对于日本人而言确实很少有此经验，听说外祖父将此视为施密特总理对自己的深厚信任，极为高兴。在谈及外祖父作为政治家的成就时，包括任职外务大臣时期在内，经常被提到的便是"外交"，而首次在日本举办的第五届七国集团首脑峰会也可以算作其中之一吧。

18
热爱高尔夫球

外祖父曾经多次说过，到了 70 岁，他就辞掉国会议员的职务，天气晴朗的日子打高尔夫球；下雨的日子专心读书，享受宁静的生活。他真的喜欢打高尔夫球。离开政治的中心，有时候他甚至一年打了 120 场高尔夫球。有一天刮台风，他也不说取消计划。约好一起打高尔夫球的财界人士无奈之下，只得通过担任外祖父秘书的父亲，劝说外祖父取消计划。但是外祖父坚持说，能打到什么程度就打到什么程度吧，仍然走出了家门。果然，最后中途作罢。结果，听说那天只有外祖父他们四个人在那个高尔夫球场打球。

打高尔夫球的外祖父
（摄于箱根高尔夫乡村
俱乐部）

年轻的时候，外祖父击出的球就飞得非常远。但是，外祖父打的高尔夫球十分惊险刺激，他能够击出可怕的右曲球，越过界外后回到球道。失误的时候，他会充满自责地说："对不起祖宗。"这是他的口头禅。

1952 年，外祖父首次当选议员。这一年，在位于箱根仙石原的箱根高尔夫乡村俱乐部举办了一场开场杯邀请赛，外祖父荣获冠军。大平家的长女大平芳子，也就是我的母亲，从年轻时候就喜爱打高尔夫球，后来继承了这个箱根高尔夫乡村俱乐部的会员权，而且担任球场委员，至今仍然经常去。这是一家经典的高尔夫球俱乐部，虽说是箱根，但即使是严冬的时候，阳光充足的地方也温暖宜人，可以打球。

外祖父的差点①是 17，田中角荣是后来开始打高尔夫球的，但迅速追上，后来差点同样是 17。但是据说，如果让田中角荣与外祖父来一场高尔夫球比赛的话，恐怕外祖父会大获全胜。为什么呢？这是因为田中角荣太性急了。经常和田中打球的堤清二先生这样描述说："田中一到出发台，喊一声'走！'，就开始击球，非常随意。也不管什么顺序不顺序。一个人一直往前走。"（摘自『堤清二と昭和の大物』）

一种说法是，按照田中角荣的方式，击球上果岭就算结束了，不拿推杆就走向下一个洞。虽然也有一种说法是，看推球是否进洞对心脏不好，但我想这是性急使然。据说，在夏季的轻井泽的"72"高尔夫球场，他有过一天一人打了四五场的记录。如果耐心地把球击入洞内的话，也许这个记录在时间上是做不到的。

曾经发生过这样一件事。有一次，田中角荣与外祖父一起去轻井泽高尔夫球俱乐部的时候，遭到了那位白洲次郎的

---

① 差点（handicap）：通俗地说，就是高尔夫球手打球的水平与标准杆之间的差距，例如球手的水平一般在 85 杆，标准杆是 72 杆，所以差点就是 13，一般来说差点在 25 以上都属于比较高的，大部分的高尔夫球爱好者和业余球手差点数值一般在 10~25。——译者注

训斥。白洲几乎每天都穿一件自己设计地写着"PLAY FAST"字样的 T 恤衫，总是占据一号洞的开球区旁边的位置，提醒举止不雅或者打球慢的人。特别是对于举止不雅的人，无论是谁，绝不留情。据说有一天，田中擅自使用了挂在俱乐部会所盥洗室内禁止带出的毛巾。因为他容易出汗，所以无意中带了出去。白洲没有放过这个行为。他大喊道："喂！田中！你不认识'禁止带出'这几个字吗?!"田中瞬间也吓了一跳，但是立刻跑向白洲，低头表示道歉。白洲对他的直率感到满意，自此以后对田中青睐有加。

外祖父也受到了白洲的垂青。这件事与高尔夫球无关。关于白洲，外祖父曾经写过这样一段随笔：

那是创设日本开发银行，在丸之内的工业俱乐部举行创立茶话会时候的事。当时邀请了许多我国政府和民间有影响的人物。我当时在大藏省，因此添列末席。

然而，白洲次郎正好与我同桌。他对我这样说道："怎么样？名人相当多啊。看样子恐怕日本一流的实业家大都汇聚在这里了。但是，日本的实业家也不过如此了。"

我目瞪口呆，一时无言以对。白洲继续自顾自地说："你觉得日本的公司到底有赚钱的吗？其实，都是亏本！无一例外，都在啃二战前的老本。"

白洲这个人以言语刻薄而闻名，但他的话往往直言不讳，蕴含着一针见血的观察，过后往往发人深省。

对于日本的经营方（特别地不说成资本）和工人方两个阵营满足于过去的遗产不思进取的现状，我们需要进行深刻的反省，但习惯是可怕的，意想不到的是我们往往对此司空见惯了。（1955 年 10 月）（摘自『素顔の代議士』）

我不由得感慨这两个人的样子就像影视剧的一个场面。如今，我想国家的债务问题远比白洲指出的大企业经营问题要严重得多，但是包括政治家在内，许多人或许是忘记了这件事，或许是装作忘记的样子。也许自古至今无论哪个时代，人都是一成不变的。

然后，外祖父和田中角荣有关高尔夫球的逸事中还有如下一节。外祖父在田中角荣内阁担任外务大臣的时候，有一件事必须与田中首相商量，就前往箱根去找在那打高尔夫球的首相。彼时还没有手机，所以这也是没有办法的事，但仍是一次没有预约的"现场直击"。当时，田中角荣正在与被称为"越山会女王"的佐藤昭子两个人打高尔夫球，于是田中邀请外祖父一起参加，外祖父便立即租了球杆和鞋，一起打高尔夫球了。平时，外祖父是不介入别人私生活的，这次纯属偶然。他们到底是一边谈什么，一边打高尔夫球的呢？

在日本众多高尔夫球场中，外祖父最喜欢的俱乐部是茅崎的"300高尔夫球俱乐部"。这家俱乐部是在东急集团第二代掌门人五岛升的斡旋下创立的，当初想要把它建成财界沙龙那样的高尔夫俱乐部，于1962年正式开业。这一年恰好是我出生的那年。据说，由于入会费是300万日元，会员也限定为300人，因此命名为"300俱乐部"。

入会的标准是：政治家仅限于当过首相、外相的人；居住在日本的外国大使，可以免费入会；财界人士限定为部分上市企业，年龄在50岁以上者。条件极为严格，而且会籍不能买卖、转让和继承。据说，它是模仿位于美国华盛顿郊外的、别名为"总统的高尔夫球俱乐部"的燃烧树乡村俱乐部而建的。

五岛升酷爱高尔夫球，自称"东京大学高尔夫球系毕业"。他深信"要把人与人连接起来，再没有什么比高尔夫球更健康的了"。他为外祖父的回忆录写了一篇题为《300俱乐部的大平先生》的文章，内容如下：

地点是300俱乐部。大平先生穿着一身茶色衣服，出现在人们面前，照例没有戴帽子。他走到球童主管室前面，稳稳当当地盘腿坐下来，慢慢地逐个检查球包中的球。然后，站起身，使劲伸一个懒腰，细眼睛眯得更细，和蔼地说："走吗？"

他穿着钉鞋，端坐在第一个后方发球区，[①] 满面微笑地眺望远方。接着，一边恢复认真的表情，一边开始击球。不料第一杆就打了个滚地球，他当场就跪了下来："啊！对不起祖宗。"

按照 300 俱乐部的加击规则，他再次开球。这次离球道 200 码。大平笑逐颜开，开心得连眼睛也笑没了。

"也许，祖宗还没有嫌弃我。"

然后，在果岭上，同伴来了个三推。

"俗话说：前车之覆，后车之鉴。"

他一边嘴里念念有词，一边自己也打了个三推。然后，一边从球洞中捡球，一边说："事不过三啊。"

他就这样和蔼、愉快而恬淡地比赛，时而认真，时而自言自语地嘟哝一些谚语。如果半场低于 50 杆，他会感到高兴，但看起来并不太在乎比赛成绩。总之，他喜爱打高尔夫球。有时，下着大雨，看见他一个人摇摇晃晃，卷起裤腿打球；有时，在正月的第二天，就从静

---

① 后方发球区（Back tee）：正式比赛使用的开球区。——译者注

养的伊豆特意飞到茅崎来；有时，从繁忙的政务中抽身来打6个洞就回去了。而且，与任何一个会员都能够轻松愉快地享受比赛，并且谁都乐于邀请他一起打。如果说人只有在精神上放松的时候，才会露出他的本质，那么不仅是我，而且所有的球童也都非常了解，大平先生具有极其丰富的人格魅力。（摘自『大平正芳回想録追想編』）

我想，没有比这篇文章更准确地描绘了外祖父的高尔夫情缘了。真不愧是五岛升先生。

我没有与外祖父一起打过高尔夫球，但从小跟他去过几次"300俱乐部"。我还曾经在附设的绿草如茵的草地网球场，一边与当时热衷打网球的石原慎太郎一家打网球，一边等待外祖父。

外祖父去世后，五岛升先生的儿子五岛哲先生带我去过几次高尔夫球场。有一次，我把球打入了位于最后一洞的果岭旁边的一个很深的沙坑中，我也不求神保佑，而是求外祖父保佑，一边喊"姥爷——!"一边轻轻一击，球笔直地打上了果岭！再也没有那样高兴的事了，我对身在天堂的外祖父充满了感激。

外祖父去世后，立刻成立了大平正芳纪念财团，由东京电力公司原会长平岩外四先生担任财团的理事长。我也曾经与平岩先生一起打过高尔夫球。在美丽的大自然中，与这样一位品格高尚的人共同度过一天，那是我人生中一次宝贵的经历。我至今仍然时时想起那天秋日晴空，伴着草坪的芳香，平岩先生给我讲述了外祖父的故事和我们关于书的交谈。

五岛升先生、平岩外四先生，就连比他们小一辈的五岛哲先生都英年早逝了。

外祖父非常重视打完高尔夫球后的吃饭时间，并称为19号洞。如今，他也许与五岛升先生还有过去的伙伴一起，正在天堂里的300俱乐部一起享受高尔夫球吧。当然，也包括19号洞在内。

19
麻辣三女儿

—— 女人们的吉田学校

从池田内阁开始，当时的母亲大平芳子，还有池田家的次女池田纪子、田中家的长女田中真纪子，被称为"政界的麻辣三女儿"。这是田中角荣先生命名的。似乎是因为，田中先生到池田家、大平家的时候，经常发牢骚说："我家姑娘真纪子，真是个野丫头，我简直拿她没办法。"接着又说："在这个意义上，纪子小姐、芳子小姐也相当了得。与我家的真纪子合在一起，真算得上政界的麻辣三女儿啊。"

以 1939 年出生的池田纪子为首，大平正芳的长女大平芳子在 2 年后，田中真纪子在终战之前的 1944 年，相继出生来到这个世上。

在女性主义者中间，似乎把有着伟大的父亲，在其父亲的庇护下，以父亲为榜样成长起来的女儿称为"父亲的女儿"。她们由于受到父亲的宠爱，在不受压制的环境下长大，因此变得以男性的思维思考问题。在文学界，森鸥外的女儿森茉莉、幸田露伴的女儿幸田文，或许正是这样的例子。

她们天赋异禀，又没有兄弟，或者即使有，在资质方面也不如她们。在这样的情况下，父亲便会把爱全都倾注于女儿身上，全身心地教育她们。女儿也回报这样的父爱，以父亲为榜样成长起来，因此她们对事物的看法也与她们的父亲相似，这也许是理所当然的。

田中真纪子

田中家的长子田中正法生于 1942 年，与我的母亲大平芳子同龄，但 5 岁的时候不幸夭折。此后，田中角荣便把所有的父爱倾注在了小两岁的长女田中真纪子身上。

田中真纪子遗传了父亲的活力和行动力，在 16 岁的时候便赴美留学。田中父母起初都很担心，坚决反对她去留学。但一言既出便执意不听劝的做法正是遗传了父亲的性格，结果她父母以 3 个要求为交换条件，同意了她的留学。这 3 个条件就是：

1　不得带回蓝眼睛的女婿；

2　暑假必须回国；

3　每周必须写一次信，告知消息。

田中真纪子答应了这些条件，然后坐上了去往美国的飞机。听说在送行时，田中花子夫人性格刚强，而田中角荣却当众拥抱了女儿，擦着眼泪叮嘱："别吃坏肚子！不愿意在那儿，就马上回来！"这种光景似乎现在仍然历历在目。真纪子回国后，复读一年考上了早稻田大学，进了戏剧系。但据说，因为担心女儿遇上坏人，父女又发生了冲突。在争论中，田中角荣最终还是向女儿投降了。

田中真纪子在 26 岁的时候，以丈夫入赘改姓田中为条件，与当时还是日本钢管公司的一名普通职员的直纪结婚。据说在婚礼上，田中角荣照例自告奋勇作了致辞，但是他的讲话却一次又一次地语塞。他说："从今天开始，直纪就是我的儿子。对我来说，他是比女儿还要可爱的儿子……"最后竟然号啕大哭起来。

此后，田中真纪子代替不喜欢抛头露面的花子夫人，每次都陪同田中角荣出国访问，增长了见识。父亲当上首相以后，她一直扮演首相女儿和第一夫人两个角色。后来，不顾立下"政治家只限一代"方针的父亲的反对，她把丈夫田中直纪推入政界，成为政治家的妻子，而后自己也成为政治家，被称为"女版田中角荣"，发挥了非凡的政治才能。

池田纪子

池田家是三姊妹，其中池田纪子性格酷似父亲，在母亲池田满枝夫人的支持下，她操持了家中的一切事务。

1961 年 6 月，池田首相访美，与肯尼迪总统举行会谈。肯尼迪也是这一年的 1 月刚刚就任总统的。当时，池田首相61 岁，肯尼迪总统 44 岁，两国首脑亟须修复和强化因修订《日美安保条约》而变得紧张的日美关系，因此进行了为期3 天的首脑会谈。

池田内阁成立的时候，池田家的二女儿池田纪子和三女儿池田祥子都在美国留学。由于恰逢将要举行池田祥子的毕业典礼，已经出嫁的长女池田直子也到美国会合。三姊妹一齐到位于首都华盛顿的安德鲁斯机场迎接池田首相。据说，池田纪子看到飞机抵达后父亲走下舷梯的样子，曾经心想"人竟会变得这么高大"。池田满枝夫人静静地依偎在他的身旁。在这样的场合，池田首相与迎接他们的三姊妹重逢，本来应该十分感动，然而据说却非常冷淡，令媒体大失所望。想必是不好意思吧，但听说当时既没有拥抱，也没有相互握手，池田首相夫妇就这样从她们的面前迅速地走了过去。

池田勇人一家，左三为池田纪子

据说，在日本，"第一夫人"这个名称是始于池田满枝夫人。这是因为，无论是"二战"前还是"二战"后，日本的首相都从来没有偕夫人正式访问外国的先例。池田首相偕夫人正式出访外国，打破了以往日本的传统，听说在当时需要相当大的勇气。在离开日本的前一天，池田夫妇还有这样一件逸事。他们一起参拜了靖国神社和明治神宫，这个时候便即兴训练了"女士优先"的西方礼节。池田首相正想先上车，夫人提醒说："从现在开始，要我优先了呢。"首相是一个粗犷的人，见此情形也不由得发起愁来。

听说池田夫人也通过外务省礼仪部门专门为外交官编撰

的手册，恶补了欧美的习俗。

这次池田偕夫人访美取得了圆满成功，媒体称赞夫人"性格沉静，心思缜密"，她开辟了日本外交的先河。有人说，偕夫人访美是因为池田首相的恩师、原首相吉田茂的一句话而实现的，但实际上似乎是由外祖父促成的。池田夫人为大平正芳的回忆录写了这样一篇文章：

> 池田作为首相第一次访美时，热心劝我一起去的，不是别人正是大平先生。他说："不会说外语也没关系。你一定要跟着去。"岸信介首相的夫人因身体不好不能出访，当时我也想，自己看家就行了，但是经不住大平先生的劝导，勉为其难地陪同丈夫访美了，但自此以后，便开了首相出访时夫人陪同的先例，后来我就觉得，大平先生果然是一位富有创意、有先见之明的政治家，对他非常敬佩。（摘自『大平正芳回想録　追想編』）

池田纪子结束留学回国后，开始整日忙于接待来到家里的新闻记者和地方选区的支持者。池田内阁成立时，外祖父就任官房长官。作为首相的助手，他向池田列出了两条禁令：禁止去宴席；禁止打高尔夫球。结果，众人开始涌到首相的家里。池田家被称为"信浓町"，从早到晚都满负荷运转，每天门庭若市，客人络绎不绝。池田夫人被公认为指挥有方，甚至被称为晚上的官房长官。另外，听说池田纪子作为"信浓町的池田店"的"老板娘"兼"厨师长"，一早就穿着长筒靴，穿梭在职业主妇的人群中，去筑地采购食材。周末，首相在箱根的别墅里度过，池田纪子装满食材的车就跟在首相座驾的后面。据说，池田首相从别墅的庭院里望着金时山的高尔夫球场，一边嘴里埋怨着禁止打高尔夫球的外祖父，一边挥动球杆打了多个练习用的高尔夫球。

池田首相得病后，在整个日本对未来充满希望的东京奥运会的开幕典礼上宣布辞去首相职务。当时，池田纪子也被选为奥林匹克的礼仪小姐，负责接待外宾的工作。不过由于还要照看住院的父亲，听说没有能够像想象的那样大显身手。

大平（森田）芳子

大平家的长子大平正树在 26 岁时便去世了。长女大平芳子在第 3 章中也已经介绍过，她在 19 岁时与出生于大平正芳的家乡香川县的大藏省官员结婚。20 岁生下我以后，便与担任外祖父秘书的父亲森田一一起，主要负责处理选举的事务，把大半的人生花费在了守护所谓的"选举地盘"和"招牌"上。母亲大平芳子的泼辣风格，在《妇人公论》杂志发表的一篇手记中早已公之于众，甚至在国会上也被当作过话题。

在外祖父经过激烈的斗争，坐上首相的宝座后，母亲去帮助外祖父搬东西到首相办公室。正在整理办公桌的新任首相大平正芳突然招呼母亲："喂！芳子，到这边来！"据说母亲当时心想："哎呀！该不会是要给我点零用钱吧。"谁知外祖父却说："给我挠挠后背。"在首相办公室给父亲挠痒的女儿……虽说这件事也没法拜托其他人，但母亲想必一下子泄气了吧。我记得也曾经给外祖父挠过背，每当我在地方的特产店看到竹制的挠痒耙，脑海里就会浮现出这件趣事。

1989 年 6 月，在当时田中家经营的位于目白的法国料理餐厅，举办了一次只有女性参加的晚餐会。参加聚会的人包括"麻辣三女儿"和她们的母亲，即田中花子、田中真纪子、池田满枝、池田纪子、大平志华子、森田芳子。她们吃着田中真纪子推荐的法国菜，气氛热烈，好像时间停止了一样。那天晚上，恰巧是后来以短命告终的宇野宗佑内阁组阁的夜晚，池田家的女婿池田行彦首次入阁，担任总务厅长官。听说宫泽喜一先生早早地跑到池田家表示祝贺，然而平时热情款待他的满枝夫人和池田纪子却迟迟不归，因此他无所事事地等候了好长时间。

这样的晚餐会既是第一次，也是最后一次。正好一年之后外祖母大平志华子亡故了。外祖母去世的时候，最先跑来的是有半个多世纪深交的池田满枝夫人。她在医院的太平间所说的动情话语，令我们全家人都非常感动。

前几天，为了解以前的故事，我拜访了池田纪子。她给我看了许多珍贵的照片，我们也聊得很投机。池田家处理了信浓町的宅邸，如今搬到了东京中心的一个公寓。池田纪子的长女池田宏子，先给我递了湿毛巾，然后上茶、上点心，这种接待的方式与我家完全一样。原来，大平家的接待方式一定都是跟池田家学的。

大平内阁诞生前夕的 1978 年秋天，在信浓町的池田宅邸举行了只有田中角荣和外祖父两人的会谈。这是为了躲避媒体的一次秘密会谈。据说，就在池田纪子端茶进屋的时候，田中角荣用坚定的口气对外祖父说："如果你下定决心的话，我全力支持你。"这是留在日本政治史上的一页。

成为池田纪子伴侣的池田行彦，与池田勇人同样是广岛县人，也来自大藏省。他作为池田政治的继承人，历任党内和内阁的要职，但不幸因病早逝。即使在池田行彦的选举区，池田满枝夫人也享有极高的声望。过去，池田满枝夫人在池田勇人被指名为首相、处于人生巅峰之时就建议丈夫："未雨绸缪，要想好辞职时候的事。"我想，外祖母大平志华子和我的母亲大平芳子，从池田满枝夫人的身上学到了作为政治家妻子的胸怀、为人处世之道和生活方式。

池田家的第三代是由寺田稔继承了其选举地盘，寺田出身财务省，与池田勇人长女直子的女儿池田庆子结婚。每当看到自幼关系亲密、在学生时代曾经一起花样滑冰、打网球的庆子，现在变成了一个刚毅的政治家妻子，我就十分佩服。

人们把聚集在吉田茂身边，分别以政治家、官员、财界人士身份各自磨炼职场生涯、不断钻研、相互学习、相互支持的年轻人称为"吉田学校"。我想，政界的麻辣三女儿，岂不可以称为"女人们的吉田学校"？如今，三位麻辣女儿也已经年逾古稀，变得安详稳重了。

20
父亲的选举和母亲的神

　　经常有人说：政界前途莫测，政局、人事、政治斗争、派系、嫉妒、对立、背叛……常常有人用魑魅魍魉、阎王殿这样的词来形容，事实正是如此。而且，每逢选举都会失去工作，必须全力以赴赢得这场以选举为名的求职活动。为此，会不断地卷入周围的人，给他们增添麻烦，且没有任何保证可以对将来做出承诺。即使本人有志参加竞选，自然也未尝不可，但是他的家人，尤其是妻子的操劳是难以估量的。我目睹母亲一直为了外祖父及其继承人的父亲妥善处理选举区的事务，心想长大了千万不要做政治家的妻子。这是因为我觉得，没有人的生活质量会那么低：在生活中，总是关心周围人的评价；选举期间到处奔走，连睡个好觉的时间也没有，声嘶力竭地演讲，不停地鞠躬和握手。刚想着选举终于结束了，从第二天开始又要谢票，接着着手准备下一次选举。每天都是永无止境的战斗。能够沉浸在喜悦之中的，恐怕只有确定当选的那一个瞬间吧。选举结果全部出来以后，还要挂念哪个地区得票少之类的事情，操心事层出不穷。何况，一旦落选了，从那个瞬间开始，就失去工作成为一介平民。

我现在支持的政治家是民主党的玉木雄一郎，他是大平家的远亲。为了他，我把住处搬到了香川县，在整个选举期间一直在其选区内奔走助选。自我父亲之后，大平家没有推出新的继承人，因此实质上委托他继承了外祖父的政治遗产。那么为什么选择民主党呢？这个答案很简单：因为按照小选举区制，一个党派只能推选一个候选人。起初，他曾经摸索代表自民党参加竞选，但他的家乡香川2区没有空缺名额。作为曾任自民党总裁的大平正芳的外孙女，却转向支持民主党的这件事不是没有引起过冲突，但鉴于国家利益，现在我全家依然支持玉木。母亲把外祖母的和服让给了玉木夫人，在天皇生日那一天，为前往宫中拜谒天皇的玉木夫妇送行；而父亲为了玉木，尽管现在已经年逾八十，仍然坚持订阅所有报纸，分析上面的报道。这么做是为什么呢？这是因为，二人都深切地了解他们的生活有多么辛苦。

我上高中一年级的时候，外祖父当选首相。我还记得，自己上课时用收音机偷听自民党总裁选举结果的情景。自此以后，我就开始了身兼首相外孙女与首相秘书女儿的忙碌生活。结束了学校的社团活动，回家后便是人生的第二部分。每天晚上9点开始，新闻记者都会蜂拥而至，我要负责接待他们。首先，把茶和点心放在托盘上，端给在家门口排成一排的报社的包车司机。之后，准备记者的酒和小菜。接着回收司机的托盘。然后，一直等到晚上11点记者恳谈会结束，再开始收拾。这是每天的例行工作。

1979年，由于在大选中自民党议席大幅减少，因而发生了反对派要求外祖父辞职的"40日抗争"事件。面对这样的政局，每天夜里我都和母亲一起，在家中的客厅里抄写佛经。这是因为在家中的女人只能祈祷。每天我们都祈祷，抄写经文，然后或者烧掉，或者埋起来，或者去放到河里。外祖母在结婚后仿效外祖父在长老会接受了洗礼，成为一名基督徒，但母亲没有这样做。她信仰神和佛。要说高中生的我抄写经文，大家都会感到吃惊，但这正因为我是政治家的家人。总之，母亲和我一直都在祈祷。

母亲的求神是从奈良县吉野深山里的天河神社开始的。我想这应该是有人介绍给她的。那时母亲还不满 30 岁，有时她与外祖母志华子一起，有时则单独去各处求神。就我所知，她一直信奉各种各样的神：八王子的神，用"梅干"传达神谕；东京市内文京区的神，用算盘似的木板传达神谕。还有的神指示将 108 张般若心经中的 36 张烧掉，36 张埋起来，剩下的放在河里。好像大多数神是某个大企业老板的夫人介绍的。我想，企业老板在某种意义上是孤独的。如果自己的决策失误，企业员工就会流落街头。在启动一个新项目的时候，他们会挑选好的方位、吉利的日子，以此提高运气。祈求、祈祷，这正是人性的一种证明吧。

最近，我有机会访问了位于香川的外祖父的老家，母亲的堂妹给我讲述了一件不可思议的事情。大平家的长子，也就是外祖父的哥哥大平数光曾经参加过二战。终战的时候，他在巴布亚新几内亚的拉包尔成了俘虏。据说，白天无所事事的他从海边捡来石子，把它们当作棋子下起围棋来。同一个部队中有一个擅长看手相的人，大家都争先恐后地让他看，但大外公没有什么兴趣，仍然沉迷于下围棋。看手相的人对他说："你就把手伸给我看看。"于是大外公便伸出了一只手。那人看了就预言："你兄弟中将会有人飞黄腾达。"大外公当时想："那一定是正芳了。"然后那个人还仔细地占卜了故乡的情况。大外公第二年顺利复员后，开始负责外祖父的选举，同时担任丰浜町的町长。总之，他是一个很照顾兄弟、性格温和的人。想到后来外祖父的人生历程，可以说那个人算得很准吧。据说，大外公经常高兴地说起这个故事。

1980 年 5 月 29 日，我和母亲在位于濑田的大平家客厅等待外祖父回来。母亲从第二天开始将要到外祖父的选区助选，这次为了祈祷必胜手抄了 108 张经文，想让外祖父在最后一张上署名。

当时，外祖父正举行欢迎晚宴款待访日的中国总理华国锋。宴会结束回家后，他换上和服走进了客厅，在经文上署好名。母亲趁机对外祖父说："爸爸，菱形神对我说，你已经很累了。"这个"菱形神"，指的是装在桐木盒中的一块菱形石头，是从一位支持者那里获得的，一直摆放在外祖父的枕边。外祖父于是说："芳子，神也好佛也好，都不必再说了……"母亲回答说："明白了。选举结束以后，我会去拜候的，就交给我了。""那拜托了。"这是父女俩最后的对话。在第二天的大选首次竞选演说中，外祖父突发心脏病，而母亲没有能够从香川的选区回来，两周之后外祖父就去世了。

在倒下的前一天，他曾嘟哝的那句话："神也好佛也好，都不必再说了。"我想，在那个时候外祖父已经心力交瘁了。从某种意义上说，在那个时候也许他一只脚已经踏进了鬼门关。运气好的时候，一切都会朝好的方向发展，反之亦然。第二天外祖父病倒后，是从濑田的家中被送到虎之门医院的，但是从家里到虎之门的方向，按照方位和气学来说，是属于"暗剑杀"。甚至有人建议："这是最为大凶的方位，杀力最大，一直那样的话首相就会不治……最好换一家医院……"但是，以方位不吉利为由要求转院是不可能的。我想这就是命运。

另外，这一年（1980 年）是庚申年。按照中国道教的说法，在 60 年一轮回的"庚申年"中，天地充满金气，人心变得更加冷酷，会发生巨大的政治变革。实际上，据说为了防止这种现象，日本也曾经连续两年更改年号。

1980 年 6 月 12 日凌晨，外祖父最后一次心脏病发作。父亲忙用电话通知当时身在选区的母亲："爸爸已经走到最后了。对不起……"母亲闻讯马上开始抄写佛经。她祈祷着如果无力回天的话，就减轻些痛苦吧。就这样不停地抄了一张又一张。对于无法脱身离开选区的母亲，除了祈祷别无他法。

由于外祖父是在选举中途去世的，因此临时决定由父亲出马，在接下来的选战中，候选人从大平正芳改成了森田一。在因现任首相猝死而进行的"复仇战"中，自民党获得了压倒性胜利，父亲也以最高得票数当选国会议员。

痛失最爱的父亲的打击，使得母亲才30多岁的时候就停经了。

父亲也无暇沉浸在悲伤之中，便已被抬上了与他的能力不相称的神轿。此后，父亲连续8次当选议员，在第二次森喜朗内阁中担任运输大臣，受到连续工作25年的表彰，于2005年退出政坛。然而，他的道路却远不是一帆风顺。因为在27年的议员生活中，几乎一半时间是在与"抑郁症"做斗争。当时如果公开宣称患有这种精神疾病，将会影响到父亲的政治生命。母亲掩盖病情，不顾医生的叮嘱，拼命去选区，一直支持陷入绝望深渊的丈夫。作为当事人的父亲在回顾那段往事时说："那时候，就好像盖着又湿又重的被子走路一样。"据说，他连坐在议员会馆事务所的办公桌前面也感到痛苦，有一次等客人走了以后，他走进厕所反锁上门，就枕在卫生纸上睡着了。

　　母亲又开始每天祈祷了。有时站在瀑布下修行，有时早晨诵经，每天为丈夫祈祷，甚至还百次拜庙。①

　　父亲生病后，一心想的是"绝不能玷污大平的名字"。所以，他也不能自杀。怀着"自己在大平的复仇战中获得的选票，是以大平的生命为代价的，所以一票也不能减少"的想法，这件事变成了他的压力，不知不觉中把自己逼入了困境。那是何等沉重的枷锁啊。

　　父亲每周都要向精神科的主治医生进行电话心理咨询，病情最严重的时候甚至进行了住院治疗。那时候，主治医生寄给母亲一封沉痛的信。信上恳求说："无论如何，请设法把森田先生从选举的压力下解放出来吧。"

　　父亲的第三次选举快要临近的时候，他对我说："希望你辞掉日本电视台的工作，帮助我竞选……"当时，我刚刚当上节目制作人，独自苦恼了一阵后，我回答他："请原谅我不能辞职。但是，每个周末我会回到选区，所以……"于是每逢工作日，我就在公司工作；到了周末就去选区，就这样日复一日。父亲生病期间，全家人总是内心惴惴不安，时

---

　　①　百次拜庙指在日本的民间信仰中，为向神佛祈愿在同一寺庙参拜百次的做法，具体是在正殿参拜完后折返入口，然后再至正殿参拜，如此反复一百次。——译者注

常担心父亲会不会什么时候自绝于世。

得病以来过了十多年，父亲的身体状况一点点地好转，而自从辞去议员脱离选举之后便痊愈了。

有一天，我问父亲："抑郁症治好的原因是什么？你自己有想到的地方吗？"父亲安静地回答说："多亏你妈妈的祈祷。"即使在黑暗的隧道中，父亲也能感受到母亲的祈祷，对她充满感激。而我想，那时候"祈祷的作用"是确实存在的。

2011 年 10 月，我们举办了祝贺父母结婚 50 周年的"金婚纪念宴会"。为了感谢两个人能够一起身体健康地迎来金婚纪念仪式，只邀请少数亲戚朋友举行了一个小型的宴会。我利用在日本电视台掌握的经验技术，制作了一个回忆的短片，还担任了宴会的编排、组织和司仪。在他们本人入场前，先播放了 50 年前婚礼的样子。27 岁的新郎和 19 岁的新娘。播放完这个 8 毫米胶卷拍摄的录像之后，在聚光灯的照射下，77 岁和 69 岁的父母亲牵着两个孙子入场。

我想，每个家庭都有无法向别人诉说的烦恼，而母亲的"巡回求神"现在也告一段落，迎来了平静而幸福的晚年。

父母的金婚纪念仪式，右二为笔者

21
我的圣母玛丽亚

　　1978 年 10 月进行自民党总裁初选时，外祖父在《日本经济新闻》上以《我的圣母玛丽亚》为题发表了一篇有关妻子的文章。外祖父一直主张，每一个国民其实都是政治家，家庭乃是日本无法替代的政治构成要素。按照这种思想，大平内阁还推出了一项称为"充实家庭基础"的政策。

　　1937 年的春天，外祖父母通过一次普通的相亲开始了新婚生活。外祖母志华子出生于现岩手县一关市，是在东京创办了一家证券公司的铃木家的二女儿。铃木家的情况是长女已经成婚，并已决定由女婿继承证券公司的家业，希望二女儿嫁给有稳定感的大藏省官员。外祖父曾在文章中提到：

> 我与妻子的生活，自结婚以来已逾四十一年。生活非常平稳。无论妻子还是我，都是平凡的女人和男人。但是，如果有人问"你的圣母是谁"，那么，在我的妻子身上，我感受到了多个女性特有的美德。这些虽然是朴素的品行，但对我来说，却不可替代、弥足珍贵。
>
> 首先，我感到妻子对我和孩子们一直有一种认真的献身精神。而且，虽然这不是婚礼上的誓言，但确实"不论健康还是疾病"，"不论志得意满还是落魄失势"，都矢志不渝。所谓献身，是指把献身的对象看得比自己还重要，愿意为了那个人献出自己的全部，而不是一部分。这里既没有丝毫的算计，也一点都不起眼。
>
> ……
>
> 妻子的作用就是精心地维护这种种机缘的连接，不断地给它们浇水、施肥。我的妻子不厌其烦地做着这些事情。她不因社会地位的高低、贫富差距等而改变态度。因此，我不由得想，给干涸的世界带来滋润；给喧闹的尘世带来平静；给尖刻的社会带来安宁，这就是上天期待女性的一个重要作用。（摘自『大平正芳回想

録　資料編』）

　　文章里并没有深刻的大道理，只是提醒我们在那样的日常生活中，到处都有重要的东西。我想，那就是外祖父认为的幸福吧。

外祖父一家，右二为夭折的舅舅大平正树，右一为母亲大平芳子

　　即使在家中，外祖母也是经常打扮得整洁漂亮。早晨坐在餐桌之前，她已经化完妆，丈夫回家的时候也会更衣相迎，似乎从来不以素颜示人。而且，周围的人都亲切地称呼外祖父为"老爹"，而对外祖母，我们则尊敬地称呼为"大

妈妈"。

外祖母自幼开始弹钢琴，一生都在学习。我小时候也在濑田的家中与外祖母一起学习过钢琴。首先一起吃晚饭，然后分别上课，但由于我平时缺少练习，那段时间对于我而言十分痛苦。由于有这样的一段经历，现在我继承了外祖母生前非常爱惜的、一台称为"戈特里安"的德国立式钢琴。外祖母一有时间就会研究新的曲子。也许只有在弹钢琴的时候，她才会进入只有自己的世界中去吧。尽管如此，她却从来不在众人面前展示。

而且，她还尝试过其他乐器。有一阵存在过一个称为"家庭音乐会"的同好会，一家人在一起合奏。老师到各个家庭进行指导。在大平家也经常举行这样的活动。我们家与三笠宫家的大殿下、百合子妃殿下还曾在东京的宾馆内举行过一个内部演奏会，外祖母弹吉他，母亲弹曼陀林，我弹钢琴。后来，外祖母在去夏威夷旅行的时候，遇到了一位名叫赫伯·奥塔的尤克里里演奏家，被他的演奏所吸引后开始从吉他转向了尤克里里。但是，由于在日本找不到指导的老师，外祖母便让原来的吉他老师去夏威夷留学，学习尤克里里。大平家的家庭音乐会至今仍在延续，现在母亲继承了外祖母的尤克里里，而它也成为我家圣诞节音乐会的保留节目。

另外，外祖母从来不做饭，而且也不会做饭。我想，这是由于从结婚开始他们就有女佣人，所以没有必要为此操心吧。即便如此，听说孩子们还小的时候，有四五天女佣人回了老家，在这期间竟然是外祖父提前回家做饭，照顾妻子和孩子们用餐。当我第一次得知这件事的时候，心里十分吃惊。早先我曾听说，作为技能学习的一环，外祖母去赤堀料理学园上过课。尽管如此，种种"学非所用"的故事我也是深有体会的。

在第6章中曾提过，外祖父母结婚的时候曾经有过一个承诺。那就是"不说对方家庭的坏话"。不同环境下长大的两个人，某一天突然一起生活在同一屋檐下，当然会产生摩擦。说出口的话就会没完没了。我想这是外祖父特有的智慧。

而且，外祖母抱有某种自卑感。原因在于她小时候曾经被寄养过。虽然事情的原委不甚详细，但听说外祖母无论如何不能忍受，哭着跑回了家。而实际上，外祖父在幼年时期也有过同样的体验。不过，外祖父是太淘气了，让人家送了回来。这种小时候相似的体验加深了两个人的感情。

此外，外祖母还有一个不为人知的秘密。身为一家中型证券公司社长的女儿，在外人看来外祖母的境遇应该是无忧无虑的，但对自己母亲的出身，她却一直守口如瓶。

　　大平志华子的母亲叫爱，是一个私生女，后来母女被那个男人抛弃了。爱的母亲恐怕是风尘女子出身。据说，此后她靠弹唱三味线赚钱谋生。但是，母亲后来去世了，爱便孑然一身，被曾经与母亲同居的人家领养了。这样的生活对她是多么脸上无光啊，似乎还被虐待过。不久，她与来这家当学徒的人结婚，丈夫后来当了粮商，然后创立了证券公司。

　　作为我的曾外祖母，爱奶奶是一个慷慨大方的女人，也是对丈夫全心全意的女人。听说对于从家乡来的丈夫的远近亲戚，她从不嫌弃，都会尽心竭力地照顾。

　　到了晚年，女婿大平正芳开始在政界崭露头角以后，为了不让自己的出身影响他的仕途，她一直默默无闻，闭门不出。最终，因年老体衰在大平家去世。

　　我对曾外祖母的零星记忆，不外是早上起得很晚，吸烟时姿势优美，而且即使在冬天寒冷的时候也不穿袜子光着脚。我记得她的脚后跟裂开了，很疼的样子。那也许是由于她小时候饱受苦难，赤脚长大而养成的习惯。

　　也许是在与大平家说媒的时候告知了这一情况，因此外祖父承诺不说对方家庭的坏话吧。而且，他向自卑的妻子说："从今以后，只要我们携手共筑一个只属于志华子的幸福家庭不就好了吗？"外祖父用深深的爱意感染了新婚妻子。

外祖父关于圣母的随笔，继续写道：

　　有孩子，是女人的一个巨大负担，但同时也是极大的骄傲。对于女人来说，生孩子最能体现人生的价值，也是最引以为豪的作用之一。女性怀抱孩子的身姿，应是圣母属性中最崇高的形象吧。妻子也很幸运地生了四个孩子。虽然她的身体状况不是那么理想，但都顺利地生下来了。孩子们对妻子也非常亲近，而且经常像朋友一样一起行动。这一幕情景是美好的。现在，孩子们也各自成家，如今只剩下了我们老两口一起，但只要一有事，妻子和孩子们就会团聚在一起。而且，妻子总是处于一家的中心。对于她来说，这似乎是最为心满意足的时刻。

　　我特别感觉到，妻子的道德洁癖比我还强。对于一件事情的道德触感，她比我更加敏锐。我觉得，纤细的审美感和敏锐的道义感，正是女性所具有的杰出能力。女性对维持人类世界的秩序发挥着重要的作用。

　　虽然妻子是一位平凡的女性，但这种美德应该是我们所追求的圣母的品质之一。我们可以这样说，圣母并不是某一个特定女性的化身，而是她广大无垠的美德中的一部分以平凡的姿态出现在平凡女性之中。（摘自

『大平正芳回想録　資料編』)

外祖母有异常洁癖和固执的一面。有一天，她穿着和服参加了一个自助餐酒会，遇到某位财界的要人对她说"给我斟杯酒"，外祖母一怒之下就回家了。那一定是被误以为是艺伎或者礼仪小姐了吧。母亲安抚说："您太漂亮了，所以才会搞错了啊。如果是我的话，就假装不懂给他斟酒了。"但是外祖母仍然怒气未消，之后的一段时间一直受到这件事的影响。而当时穿的和服也送给了别人，此后再也不穿"艺伎"穿的那种颜色的和服了。

另外，外祖父去世以后，财界人士邀请外祖母参加聚会，地址选在以前与外祖父常聚的一家位于新桥的店。然而，据说外祖母刚一走进与外祖父相熟的艺伎的店内，便直言"我不喜欢这种气氛"，然后迅速抽身离去。这样的言行也许与她的洁癖一样，蕴含着她对自己出身的复杂情绪吧。

在亲近的亲戚中间，偷偷地称外祖母为"金平糖"，意指外面甜，但里面硬，有棱角。我想，这个外号恐怕也缘于隐藏在外祖母内心深处的自卑心理。

关于外祖父去世前一夜他们夫妇的情况，宏池会的秘书长木村贡先生是这样记述的："6月11日的夜晚，我像往常一样来到病房。当时，按照首相的吩咐我一边担心他的病情，一边报告从北海道到冲绳的选举形势摘要。这时，夫人轻快地走了进来，首相马上说了一声'啊'，握住了夫人的手，紧紧地贴在胸前。那是一种展现人类尊严的绝佳情景。"（摘自『大平志げ子夫人を偲ぶ』）

外祖父去世后的 10 年，外祖母虽然比以前寂寞了，但在朋友的关心下也度过了一段丰富多彩的时光。在家乡香川举行的外祖父铜像揭幕仪式之后，大家围坐与伊东正义先生一起吃晚饭时，外祖母突然嘟哝说："丈夫对我真是太好了。不过，我对他只有一点不满。"大家都凝神屏息地等待外祖母下面的话。她接着说："他在内心深处非常珍惜我。但我还有所不满的是，他从没有跟我说过'志华子，我爱你'这句话。日本的男性太过于坚持'沉默是金'了。他们一点也不想搞懂，付诸言辞可以起到比拟钻石的功效。"

我听了这句话，心想："这哪里是不满，实际上是相反的意思吧。"在我这个外孙女看来，外祖父母真正是一对恩爱夫妻。

外祖母得病后，最后与外祖父一样入住了虎之门医院。但凡有人来探望时，她一定会化好妆再去相迎，这个习惯一直保持到她去世之前。据说有一天，她突然问来探病的一位外祖父的亲信："老爹以前外面有女人吗？"那人一时不知所措，但还是付之一笑地说："这种事肯定没有啊。老爹显然不会受女人青睐呀！"于是，外祖母露出了释然的表情。

最后那个晚上，孩子们都来到了病房，把新出炉的外祖父的英文版回忆录拿给她看。"哎呀！好沉啊！"这是她最后的话。一直到最后，她还是那样坚强娴静。

我想，从小就极端自卑的外祖母在与性格宽厚的外祖父结婚以后人生开始绽放光华。外祖母奉献一生，终于柳暗花明又一村，最后的落幕既美好又恬静。

22

新桥往事

　　在写作这本书的过程中，我探访了许多相关人士。关于外祖父的人生足迹，包括3卷本的回忆录在内已有相当多的书籍，并不缺乏资料。尤其是在回忆录的追忆篇中，包括美国总统卡特等外国友人的撰稿在内，一共收录了政界、财界、家乡友人、跟班记者等200余人撰写的与外祖父交往的文章。通过阅读这些文章，自然也接触到了我所不了解的外祖父的一面。然而相比文献，与外祖父有关的人士亲口讲述的故事有一种别样的感染力。

　　外祖父当上首相以后的首个高光时刻是七国首脑会议东京峰会，为了采访广受各国首脑好评的"款待"秘闻，我访问了位于新桥的高级料理店"吉兆"。关于当时的情况，在

第 17 章中已有描述。我去的那天是一个平日的中午，老板娘汤木照子和大儿媳、二儿媳一起迎接了我，出乎意料的是还为我准备了午餐。应季的海鳗以及其他丰富的时令菜之后，用陶盘烤的方式款待我的正是外祖父最爱的"寿喜烧"。按照自己喜好的时机，烤最上等的牛肉，再配上用砂锅煮出来的米饭，真是无与伦比的美味。

在饭桌上，我还获悉了以前从未听闻的外祖父在新桥这一带发生的故事。据说，外祖父最早涉足新桥，与位于新桥演舞场斜前方的"荣家"旅馆有关。这家旅馆的老板娘"阿荣"，也就是和田荣子因与池田勇人同为广岛人而受到其偏爱，池田将许多的聚会都安排在这里。外祖父长期辅佐池田，他所擅长的是协调池田与大藏省、池田与政界、池田与财界等之间的关系。而这个舞台，就是这个"荣家"旅馆。我想，池田勇人信任外祖父，这些事才全部交给了他去处理。作为秘书，外祖父的工作态度似乎十分从容不迫，甚至据池田满枝夫人说："（大平）从不来我们家，池田曾经对我说：'你让他以后早晨务必来我们家！'"（摘自『大平正芳回想録　伝記編』）。

大家都用"老爹"这个爱称来称呼外祖父，而这个起名的人似乎就是荣家的老板娘。而我也依稀记得这位脖子细长的老板娘的事，大家都戏称她为"长颈鹿"。外祖父在 1965

年写的一篇题为"荣家与交友群像"的随笔中写道：

在新桥演舞场的右前方，有一家挂着"荣家旅馆"小招牌的房子。我一直以为，起名为荣家是因为老板娘的名字是阿荣，但听说并非如此，店名是之前旅馆主人的屋号。阿荣是一位年过六十的半老徐娘，怎么看也称不上美人，但是一个既有才干，又有胆量，久经世故的人。

玄关的左侧有一个6张榻榻米大小的佛堂，佛龛里悬挂着两位故人的照片，一张是长崎英造先生，另一张是池田勇人先生。阿荣出生于广岛市，年轻的时候是一位著名的艺伎。二战时来到东京，开始在这个地方经营旅馆。她从广岛来东京，好像是长崎英造先生建议的，而且得到了贺屋兴宣先生、池田勇人先生，还有田中好一先生等人的照顾。因此，一直至今，都早晚香花不断，供奉着长崎、池田两个人的亡灵。

从长崎先生开始，后来主要是广岛市、县出生的政界、财界的人士，还有与这些人有关系的人开始出入荣家，荣家不知不觉俨然变成了一个"广岛人俱乐部"。（摘自『春风秋雨』）

在这个荣家，会定期召开以池田首相为中心的聚会，而外祖父继承宏池会后便变成了以外祖父为中心的聚会。一位财界人士回忆说："池田生前的时候，老板娘多次对大平说：'你必须多称赞一些池田才行啊。'但大平总是沉默不语。大概是池田七周年忌辰的时候，在大平的会上，我们轮流缅怀池田的遗德，但大平仍然如此，因而有人说：'请大平谈点感想。'大平才缓缓地说：'我那时候就像生活在池田的肠子中一样，所以无法像说旁人的事那样发表意见，请大家原谅。'"（摘自『大平正芳回想録　追想編』）

我想外祖父的这句话是发自内心的，这也正体现了他与池田密不可分的关系。

池田首相去世，外祖父继承宏池会以后，荣家的老板娘仍然拥立外祖父，而且发展成了整个家庭的交往。有一次，老板娘把外祖父书写的彩纸缝在了座垫上。不过，外祖母也许出于妻子的自尊心吧，对这件事感到有点不快，说："竟然成了垫在人家屁股下面的东西……"

在这些聚会中，有时似乎也会叫来一些落语、舞蹈等的名家，尤其是大家都喜欢武原繁的舞蹈。菜肴方面，除了通常的日本料理以外，据说经常叫来久兵卫寿司店和花村天妇罗店的厨师。外祖父特别喜欢番薯，也许花村店的厨师知道他的这个爱好，给外祖父盛的番薯天妇罗的量好像总是比别人多一些。

就算说是花柳界，但据说不同的地方也有各自的特色。然而，由于有这样的历史，外祖父一直把新桥作为主要活动场所。而且，我想他熟识的艺伎也逐渐越来越多了。最主要的是林子、胜子、宗子、玉子四个人，她们堪称新桥艺伎中屈指可数的名伎。从新桥的艺伎上位变成名人夫人的女性应不在少数。最为有名的当属吉田茂首相的雪子夫人去世后，成为继室的小林。与外祖父关系亲密的政治学者猪木正道先生在他的《吉田茂评传》中介绍，小林原名叫坂本喜代，是某个财界人士和新桥的名伎坂本志能所生。后来，坂本志能被迎娶为继室，但不幸的是，对方不久便死于一场车祸。于是，她带着包括坂本喜代在内的自己的三个孩子离开了这个家。据说，原因是为了避免发生争产等纠纷。这也许是明治时代的艺伎气质吧？小林似乎也继承了这种气质。

"吉田与小林结合是在昭和时代的初期，吉田茂出任驻意大利大使之前。在驻意大使的那几年中，吉田完全忘记了小林，也没有汇寄过像样的生活费。他以为小林当然已经有一个新的丈夫了。然而回国后，他意外地发现，小林一直守身如玉，在等待他回来。后来，吉田对其密友透露说：'在艺伎小林的身上，我看到了典型的日本女性。'这就是两人在一起的缘由。"（摘自『秘録陸軍中野学校』）

花柳界的老板娘在察言观色这一点上具有超凡的能力。

听说，吉田首相钟爱的一家"菊村"高级日料店的老板娘有一次告诫艺伎说："吉田呢，虽然说是首相，但是他不做坏事，所以就没有钱。你们不要让他花钱。"

吉田茂就任首相的时候，听说在新桥的老板娘中有不少人觉得意外。而且，吉田茂与小林结合，对于老板娘们来说也令她们大跌眼镜。她们似乎从老板娘的立场，曾对吉田钟爱哪个艺伎众口纷纭，八卦了一番。但没有一个老板娘预想到吉田茂会选择小林。连老江湖的她们也摸不准吉田茂。后来，吉田茂把位于大矶的宅邸起名为"海千山千楼"，① 并得意扬扬，据说就是从这件事来的。

2013 年的一天，我有幸看到了在大矶吉田茂家中录制的、吉田茂生前一个长篇访谈的录像。那盘录像带被保存在我原来工作单位日本电视台的图书馆，在未剪辑的画面中，有晚年的吉田茂在休息时吸雪茄的镜头，还有中途小林端着红茶走进房间的场景。那种凛然的、谦恭有礼的举止令我十分敬佩。

由于这盘录像带是难得的珍藏，吉田首相的孙子麻生太郎和他的跟班记者、政治学家原彬久先生、御厨贵先生都聚在一起进行了观看。麻生说："吉田去世以后，我们家的人

---

① 日语中的"海千山千"意为老江湖，老奸巨猾者。——译者注

都非常照顾'坂本（指小林）'的。"听了这句话，不知为什么我感到很高兴。

而大平家呢。有一次不知从什么话引起的，发生了这样一件事。据说，有一天外祖父当着妻子和女儿的面说："即使我死了，也没有任何欠债，外面也没有私生子，你们就放心吧。"于是，外祖母若无其事地说："哎呀！那太好了。"但据说他们的女儿芳子当时在一旁心想："这么说的话，就表示是有女人的啊。"这是我母亲典型的思维方式。不过，毕竟在她的母亲面前不好刨根问底，所以当时话到嘴边她还是忍住了。

言归正传，关于与外祖父的这句话可能有关的女人，我请教了"吉兆"的老板娘。据说，外祖父偏爱的艺伎就像竹久梦二的画那样，皮肤白皙、身材纤细。老板娘告诉我，那人一听到外祖父来了房间，就算自己没有被叫到，也会说"走廊也行，希望让我见一面"，然后出现在外祖父面前。竟然有如此爱慕外祖父的女人，我反而有点不好意思了。

在前一章中也提到过，外祖父在成为首相之前，曾在《我的圣母玛丽亚》这篇随笔中发表了自己对女性的观点。其中还有如下的部分：

　　男人是要在现实的人生中，通过具体的各种经验，去发现和寻求女人的。对于男人来说，所谓人生，也许可以说就是通过现实的生活，追求理想女性的过程。归根结底，如果说以现实的体验来思考圣母，那么，我想除了在始终相伴自己左右的人，例如妻子身上进行摸索和挖掘外，别无他法。

多数男人当然都会与妻子以外的女人有某种联系。毫无疑问，在这些女人身上，他会感到各种各样的魅力和美德。但是，与这些女人的关系往往是相对的、部分的，似乎难以像妻子那样，成为绝对的、整体的关系。而这样也无妨。（摘自『大平正芳回想録 資料編』）

我想，男女之间，比起纯粹的异性相吸，更容易对和自己意趣相投的对象动心。有别于在政界、财界的日夜周旋、觥筹交错，或在家中展露的那一面，对其卸下心防聊理想诉苦水，从青眼相加发展到心生爱慕似乎是一件水到渠成的事情。

接着，永别的时刻突然来临了。外祖父猝死以后，在濑田的家中按照基督教的仪式举行了不公开的葬礼。井上靖在著名的短篇小说《守夜来客》中描述了一个场景，亲友齐聚葬礼的时候来了一位神秘女子，而大平家的不速之客则是静悄悄地出现的。那个女人恳求我的父亲，无论如何要最后看外祖父一眼。父亲当时是外祖父的秘书，所以应该认识她。于是，母亲找了一个理由将外祖母带了出去，而父亲趁此机会把那个女人领到了外祖父的身边，避开了其他所有人。

如今，那个女人已杳无音信。没有证据把外祖父生前的嘟囔与那个女人联系起来。外祖母一直一无所知，而且这件事也只有父母亲两个人知晓，直到最近他们才对我说出这个秘密。

从"新桥"那里也无法了解到详细的情况。花柳界一流的女人都守口如瓶，而且自尊心都非常强。"新桥往事"仍然蒙着一层神秘的面纱。但是，"吉兆"的老板娘、上述外祖父熟识的四位艺伎，还有其他新桥的各位人士，都尊重、支持过外祖父。我要再次对"新桥"表示感谢。

23

消费税的十字架

2010 年 6 月 12 日，在东京举办了纪念外祖父诞辰 100 周年的纪念活动。来宾有前首相中曾根康弘、中国前外交部部长唐家璇、外祖父生前要好的实业家以及笔名为辻井乔的作家堤清二。

辻井乔的传记小说《茜色的天空》就是为了纪念外祖父诞辰 100 周年而作的。拜读后深深感动的母亲和我都向作者堤清二先生表达了衷心的谢意。堤先生听完之后说："两位能这么说真让我松了一口气。"那一天也是我最后一次见到堤先生（堤清二先生于 2013 年 11 月 25 日去世，享年 86 岁）。

当堤先生在外祖父的故乡走访调查的时候，母亲和我还为他做向导，带他参观了外祖父出生的大平家的本家和墓地等。在春天和煦的阳光下，堤先生静静地凝望着濑户内海的身影至今令我难忘。

无论是实业家的堤清二，还是作为自由派的作家辻井乔，都对外祖父有着深刻的理解。《茜色的天空》中作者结合时代背景，以非凡的笔力刻画了政治家大平正芳的一生。在成为首相、立于政治家顶点后的外祖父已决心做一件事。那便是日本财政的健全化，"就财政的重建这事即使是拼了命我也要做"。（摘自《茜色の空》）

在 1973 年秋天的第一次石油危机后，日本陷入了经济不景气之中，为了弥补大幅的国家财政收入缺口，不得不时隔十年再次发行了 2 兆日元以上的赤字国债。当时身为三木内阁大藏大臣的外祖父考虑再三，认为有债必偿，为了重建财政他当上首相后着手引入一般消费税。

对于外祖父当时的苦恼，绰号"SHIMAGEJI"的前 NHK 会长岛桂次是这样回想的。两人在岛先生还是年轻的政治记者时便已开始交往，不仅外祖父就连外祖母也十分信赖他。

（成为总理之后）大平在探讨引入一般消费税那时候，有一次深夜里大平夫人打电话给我焦急地说："这两三天大平一直把自己关在房间里苦思冥想。再这样下去他会死的。我已经派车子过去接你了，你赶紧过来一下吧！"（摘自『大平志げ子夫人を偲ぶ』）

岛先生立刻赶到，他劝外祖父说："反正凡事忙了一场结果都是一样。你该学学你夫人啊，更加乐观地去考虑问题怎么样？"（摘自『大平志げ子夫人を偲ぶ』）外祖父为了实现财政健全化，认为有必要引入一般消费税并为此大伤脑筋。此外他还相信就算存在反对的声音，只要耐心地进行说明的话，国民肯定能理解他的苦心。

然而对于引入新税，在野党自不用说，就连自民党党内也存在着强烈的反对声音，最终他不得不放弃这项政策。此外加上疲于应付党内斗争，他在日本首次参众两院同时选举的期间突然病逝。

最终经过种种波折，直至9年后的竹下内阁时期才引入了消费税。

消费税从某种意义上可以说是缩短了外祖父的寿命，但是当时的政府认真地讨论消费税一事应也为日后的正式施行起到了作用。现在回头来看消费税对于政府而言可谓是必不可缺的财政收入。从当初的 3% 到后来的 5% 再到现在的 8%，现在正在讨论是否调整到 10%。我不时在想，外祖父对此事会做何感想呢。

在讨论引入消费税时外祖父考虑的是"对共同前行的国民的信任感"。外祖父想法的根基是"椭圆哲学"（详见第 25 章），他坚信只有政府和国民一起同甘共苦，才能创造一个新的时代。因此他认为只要竭尽全力去说明的话，国民一定能接受引入消费税。

消费税和我家日后还存在千丝万缕的联系。亲眼见证了外祖父辛劳的父亲一直认为对消费税一事需要进行跨党派的对话，因此不管他从政的当时还是退出政界的现在，都与各方人物展开反复的讨论。

在民主党政权下的 2012 年 6 月 15 日，担任过财务大臣的野田佳彦首相和自民党总裁谷垣祯一、公明党党首山口那津男就分阶段提高消费税达成了三党共识。但是随后的大选中自民党成功夺回政权，又决定推迟已通过消费税的提高。

2014 年 3 月 12 日，上述三党共识达成的三名重要人物以及前财务大臣藤井裕久、当时现场的实际负责人前财务事务次官胜荣二郎被邀请参加了一个聚会。此次会面由父亲森田一提议举行，被人们称为"消费税同窗会"，是一场充满愉快祥和气氛的宴会。恰巧那天正是外祖父大平正芳诞辰 104 年纪念日。添列宴会末席的我感觉，外祖父遗留下的工作之一也许是以这样的形式被我父亲承继了吧。

24

心之故乡

—— 田园都市国家构想

故乡就是父亲和母亲，以及少年时代令人怀念的风景。故乡的风景是生于斯长于斯的人们的根之所在。

外祖父大平正芳出生于濑户内海沿岸的四国香川县的三丰郡丰滨町。对于少年时候当地的生活，外祖父是这样回忆的。"当时农家的生计主要依靠米麦，绝非谈得上轻松。我们家有六个孩子（三男三女）更是艰难。自打我有记忆以来就穿着袖子被鼻涕摩得光亮的和服和稻草做的草鞋，吃的是一菜一汤的麦饭（当然白米只有三四成）。虽然我们住在靠近海滨的地方，但能吃到鲜鱼也只限于节假日，偶尔能在餐桌上见到的是沙丁鱼或青花鱼这样的鱼干。"（『大平正芳 人と思想』）

"农民的生活就是春夏秋冬连续不断的繁重劳动，而且得到的回报十分有限。从冻土中萌发出麦子新芽的同时新的一年开始了。晚春麦子变成青色的时候，秧田里的稻苗又出场了。插秧除草弄完之后就迎来了酷暑。秋天的丰收结束之后终于迎来了灰色的冬天。农家繁重的劳动就是这样随着壮阔自然的节奏而不断地反复进行着。"（摘自『私の履歴書』）

在他日后成为政治家并担任自民党政调会长时发生过一则逸事，他的盟友田中角荣是这么记述的。围绕1968年的米价，自民党总务会上争论激烈且僵持不下，尤其是田村元和田村良平两总务对外祖父的发言最为激烈、严厉。根据当时的记录，他们甚至说："因为我党对农业的了解不足使得这么低的米价成为议题。特别是大平政调会长是大藏省的精英官僚，完全不知农民的疾苦，因此才招致了这样的事态。大平政调会长应该立马辞职退席。"形势所迫下外祖父的退席似乎在所难免，而予以制止的正是田中角荣。一直盯着桌子看的外祖父静静地站了起来发言称："两位总务认为我大平不懂得百姓的生活，你们两位的父亲都是我们的前辈议员，出自名门，生长在富裕的家庭。与你们相比我是出生在四国讃岐的贫农之辈。四国的农田多为梯田，我家的一点农田不过是在山腰偏上的地方。我少年时代的日常工作之一便是天刚亮就出门，在山腰缺水的自家田地里忙活。每天必须要完成这样的工作后我才乘坐早上第一班的车子去上学。我家里贫困交不起学费，我是依靠助学金、贷款去上学的，好不容易才完成了大学学业。我大平正芳被说是不懂农业真是太让人意外了。"（摘自『大平正芳回想録 追想编』）说完他才坐下。据说这一番发言后，总务会的混乱局面才得以平息。在该文中，田中角荣称那时他"深切地感受到了作为大平正芳'本色'的魅力"。作为政治家，也许当时外祖父跨越了无形的一大难关吧。

讃岐即香川县，由于缺少河流，降雨量又少，蓄水条件极为恶劣。因此讃岐的人们自古以来便在各地建造蓄水池，从冬天开始蓄水以备夏天的灌溉。讃岐出生的弘法大师（空海）在前往中国的时候不仅学习密宗的真理，还将以小麦制作的"乌冬面"及其食用方法带回日本（小麦因在雨水稀少的地区也易于种植）。此外他还学会了土木技术，回故乡后仅用三个月的时间就建成了巨大的蓄水池——满浓池。

深知家乡农民的辛劳，尤其是用水艰难的外祖父成为政治家后，为致力于改善香川的用水而竭尽所能。他设想的对策是从邻近的德岛县和高知县引水来解决当地的用水问题。从其他县引水在当时被认为是一项十分困难的工程，但外祖父发挥了自己擅长协调的能力，最终得以顺利实现。虽然在外祖父参与的工程中本四架桥的规模更大，但在其心中解决香川的用水问题无疑更为重要。事实上，时至今日这一引水工程不仅造福了香川县的农业，也对当地的产业和居民生活起了很大的作用。

对于政治家而言，政策会受到自身及其生长环境的影响，而外祖父对家乡的挚爱之情也与之后大平内阁倡导的"田园都市国家构想"息息相关。

1978年秋天举行自民党总裁初选时，外祖父自知若不出马参与此次初选，自己的政治生命可能就此终结，因此才暗自下定了决心。他的目的不是成为首相，其首先考虑的是成为首相后应该做什么，而身为秘书的父亲森田一为实现外祖父的计划则开始着手准备。父亲邀请大藏省的后辈长富祐一郎，两人时常会开会讨论，长富提出的意见之一便是"内阁中缺乏合适的智囊"。内阁由官房长官、政务秘书、事务秘书和首相秘书组成，就如同缺乏出谋划策者的中小企业一样，尤其是首相秘书因杂务缠身不能充分发挥智囊的作用。

外祖父在故乡香川与姐妹共享乡土料理

随着大平内阁的成立，其早就构想的首相私人咨询机构终于诞生了。私人咨询机构在今天可谓是理所当然，但在当时却属划时代之举，需要跨越的障碍也很多。这姑且不论，总之阵容齐全之后外祖父的政治理念也日渐明确。咨询机关的条件如下：

1. 应长期在首相左右；
2. 应熟知首相的想法和为人；
3. 应具备值得首相倾听其意见的见识。

为了满足第一项条件，在首相官邸中必须尽量跟在首相的附近，但如新设助理需要修改法令，又将耗时费力。因此据说提议正式身份定为内阁审议官，通称为内阁总理大臣助理，并从大藏省、通产省、外务省各部门征调了 1955 年之后大学毕业的骨干精英。但是仅靠这些助理还是不足以展现宏大的构想和卓越的见识，因此决定集思广益，招揽学者、评论家等各阶层的睿智之士。当时成立的 9 个研究小组如下：

- 田园都市国家构想研究小组（议长 梅棹忠夫）
- 充实家庭基础研究小组（议长 伊藤善市）
- 环太平洋合作研究小组（议长 大来佐武郎）
- 综合安全保障小组（议长 猪木正道）
- 对外经济政策研究小组（议长 内田忠夫）
- 文化时代的经济运营研究小组（议长 馆龙一郎）
- 科学技术史变迁研究小组（议长 佐佐学）
- 多元化社会的生活重心研究小组（议长 林知己夫）

据说最初联系的学者当中，认为不应与特定的政治家接触过多以致沾染政治色彩，坚辞不就者不在少数。但外祖父宣称其初衷在于各小组的研究成果将不局限于他这一届内阁，在今后也将被广泛利用。

小组成员除了香山健一、佐藤诚三郎、公文俊平等政治学者外，还有浅利庆太、山本七平等文化界人士以及桐岛洋子、阿木耀子等女性。日后成为北海道知事的高桥春美也通过通产省的推荐加入，并成为小组成员中最年轻的一个。

基于外祖父提出的"地方的时代"、"文化的时代"和"地球社会的时代"来临的政治理念，各小组进行了热烈的讨论并不时举行报告会汇报成果。

其中，在今天尤为值得一提的是"地方的时代"这个想法。就此外祖父是这么说的：

> 国民与其说无止境地追求物质的财富，不如说更期待有精神富足的稳定生活。因此我们必须不辜负国民的期望，必须在这四岛上创造出与自然和谐共生、均衡发展的人类社会。
>
> 这样的社会具备防止城市化过快倾向的自动复原装置，以糅合农村与城市长处的形式使其得以活用。即在农村、山区创造宜居的环境和就业机会，将其变为富裕的田园，再将田园模式引进城市，这就是所谓崭新的田园都市国家。这样的田园都市国家绝非否定今后的经济增长，而是要形成相辅相成、高效率的工业与农业及城市与农村高层次结合的社会。（中略）同时，田园都市国家是由无数个各具个性的地域社会组成，并将它们有机地统合在一起。各个地域的需求极为多样，不能将统

一的标准强加在它们身上。（中略）创造这样的国家绝
非异想天开。在这个拥有一亿人口的四岛之国实现这个
目标，是我们面对新世纪的挑战。（摘自『大平正芳回
想録　追想編』）

读着这些文字，我不禁感到热血沸腾。原来外祖父在 35
年前已有如此的先见之明。

外祖父的智囊之一香山健一曾作过以下的分析。

　　大平明确地意识到"田园都市"一词可能是在他刚
进入大藏省后不久的事。（中略）田园都市（The Gar-
den City）这个词首次正式被介绍到日本应该是在明治
四十年（1907 年）的时候，当时内务省地方局有关人
士编辑了一本题为《田园都市》的报告书。该报告依据
的是埃比尼泽·霍华德的著作《明日的田园城市》。霍
华德在书中写道："人类社会和自然美景本应兼而有之。
两块磁铁必须合而为一。正如男人和女人互通才智一
样，城市和乡村亦应如此。城市是人类社会的标志——
父母、兄弟、姐妹以及人与人之间广泛交往、互助合作
的标志，是彼此同情的标志，是科学、艺术、文化、宗
教的标志。乡村是上帝爱世人的标志。我们以及我们的
一切都来自乡村。我们的肉体赖之以形成，并以之为归

宿。我们靠它吃穿，靠它遮风御寒，我们置身于它的怀抱。"（摘自『明日の田園都市』）

外祖父吸收了霍华德的建议并体现在自己的政策中。"将田园的情趣带给城市、将城市的活力带给田园"，与这句口号一同提出的还有"田园都市国家构想"。我想这一政策只有在交通网和信息网发达的今日才有可能实现，而这也正是经历了东日本大地震、迎来新局面的如今所亟须的政策。

35 年前外祖父提倡的三大政治理念和 9 个研究小组的建议都只是确定了大平内阁的方针，还未具体付诸实施，但环太平洋合作构想在日后发展成了 APEC。此外 9 个研究小组的报告书及智囊团也在中曾根内阁得到了延续。

我想这些构想都是着眼于未来提出的，但是只有"田园都市国家"这个构想才是成长于讃岐的外祖父最希望倾注全力去实现的。富有人情味的人际关系维持的社区与平静宽裕、更注重品质的生活……近年来"田园都市国家构想"不仅成为政治学的研究课题，也在实际政策中得到了广泛的运用。对于壮志未酬的外祖父而言，这也是其最大的心愿了吧。

每年 7 月 7 日的七夕这天会举行一个名为"研牛会"的聚会。曾担任大平内阁智囊团的成员一年一度汇聚一堂，类似同窗会。取意于牛郎织女与被称为"钝牛"的外祖父的研究会，浅利庆太将其命名为"研牛会"。

外祖父离世已逾35年，由于成员都年事已高，出席者也在不断减少，作为外祖父继承人的父亲在辞去众议院议员职务时曾经一度休会，但通过有志之士的努力后来又重新恢复"研牛会"。今年是恢复后的第9个年头，除了原先的成员之外，还有朝野各党以自由主义保守政治为目标的政治家、获得大平正芳纪念奖的学者等年轻人，一共约50人参加，大家在祥和的气氛中度过了难忘的时刻。在天上的外祖父看到这一幕想必也是满怀喜悦吧。

现在养育外祖父的故乡讃岐、香川建起了野口勇庭园美术馆及以濑户内海的小岛整体打造成的艺术馆，这些享誉世界的高品位美术馆的相继诞生吸引了海外络绎不绝的游客。

此外，外祖父成长的老家虽然经年累月，但是仍和过去一样经营着农业。水田旁有一棵守望外祖父成长的大橡树一直静穆地伫立着。

『椭圆哲学』和『永恒的现在』

　　有一次田中角荣评价外祖父称："与其说大平是政治家，不如说更像哲学家或宗教家啊。"田中先生大概是觉得外祖父对事物的看法以及思维方式与自己迥然不同，在佩服的同时也有难以理解的部分吧。相对于"凸型"的政治家田中角荣，外祖父是典型的"凹型"，因此两者彼此投缘、相互扶持吧。

年轻时的外祖父决意作为基督徒传教为生时，心中所想的不仅是救济自己的灵魂，更希望作为信教者服务于众生。他面对圣经，思考神明的时候应该也顺带对人类的本性在进行思考吧。

对于外祖父而言，与信仰同样终生未变的想法是"椭圆哲学"。他认为真理中必然存在两个焦点，在两者之间达到紧张而均衡的状态时，事物才能顺利地运行。

1938 年 1 月，28 岁的外祖父作为横滨税务署新任署长，就在训辞中提出了"椭圆哲学"。

"行政犹如椭圆，有两个中心，使两个中心保持平衡而又紧张的状态，便可以说是高明的行政。（中略）随着对华战争的开始而实行的统制经济也是如此，统制是一个中心，另一个中心便是自由，统制和自由处于紧张而平衡状态时，统制经济才能顺利运作，不能偏向任何一方。税务工作也是如此。一个中心是征税权，另一个中心是纳税人。"（摘自『素顔の代議士』）这种思考方式始终贯穿于他的一生。

外祖父智囊之一的香山健一先生指出，大平的政治哲学中，椭圆的两个中心分别是东洋的政治哲学精髓"治水的原理”及西洋政治哲学的精髓“保守主义的哲学”。我想酷爱读书的外祖父基于“东洋和西洋”哲学的思考方式正是椭圆的两个中心。

近年来右倾化的氛围不仅笼罩日本政治的中枢，甚至蔓延至整个日本社会，有呼声认为必须培养如过去宏池会那样的自由主义政治势力。这股势力可以成为椭圆的另一中心，有望对偏向一方的政治起到制衡作用。

此外，外祖父一直想过俭朴的生活。这不仅是因为他认为政治家的生活如果明显脱离大众，政治本身也将与民众格格不入，也出于他自己十分喜欢朴素的东西。蒸芋头和讃岐乌冬面等都是外祖父自少年时代以来爱吃的食物，终其一生都未变。

外祖父 1966 年写下的短文中有如下一段话。

> "Simple life and high thinking." 崇高的理想可说是和俭朴的生活共存的。方便的生活环境本身已足够了，更没有必要故意拒绝接受。但是这终究只是手段而非目的。我们的目的在于追求崇高的理想、努力陶冶人格。只有这才称得上是真正的人生愉悦。（摘自『春風秋雨』）

身为祈愿祖国复兴的官僚而工作，后转而立志投身政界的外祖父，其理想的社会又是什么样的呢？

二战后日本重返国际社会，适逢经济高速增长的鼎盛期，在"希望变得更富有""想要这个、想要那个"的时代风潮中，想必外祖父不断地在思考、不停地在拷问自己真正重要的东西究竟谓何。

除了上文的"椭圆哲学"之外，另一个外祖父尤为重视的概念是"永恒的现在"。

这出自外祖父年轻时就爱读的哲学家田边元的想法，在下面番话中他发现了活在"当下"的决心和意志。然后在其政治信条保守主义中，外祖父也融合了"永恒的现在"与"椭圆哲学"两种思想，归结为如下这段话。

> 战争中我爱读的田边元先生的哲学书中写道："所谓时间只存于现在。过去和未来是作用于现在的力，时间唯有当下。"最近人们常说"保守的危机"，这让我想起了田边哲学的教诲"舍象过去便成为革命，舍象未来便成为反动"。现在是存在于未来和过去的紧张而平衡的状态之中，革命令人困扰，反动也绝不可行。努力让未来和过去处于紧张而平衡的状态中，这不就是所谓的"健全保守"吗？我是这样理解保守主义的。（摘自『在素知贽』）

　　对于外祖父及继承其系谱者而言，"保守"是对始自过去的延续性的尊重，也是一种态度，即正因为制度和体制经常是不完美的，所以才需要谦逊地不断付诸努力。我想这才是活在"永恒的现在"。

　　人的一生之中会经历各种各样的时期。对外祖父而言人生中最难熬的时期是最爱的长子正树和他全身心支持的池田勇人相继去世的时候。由于和派系内的前辈前尾繁三之间存在微妙的芥蒂，尽管外祖父尽力地帮助佐藤荣作内阁成立，但反而遭到了冷落。对于当时的心境，外祖父在其选区的后援会报上是这样描述的。

　　　　人的一生中有喜也有忧。既有一朝志得意满，也有一夕失意怅然。既有光芒四射的时刻，也有忍辱负重的场合。(『大平正芳　人と思想』)

　　人总是只能活在当下。对明天即将枯萎的花朵也不忘浇水，抓住日常生活的所有瞬间，用心去认真生活，尽力生活在永恒的现在，这就是外祖父的人生信条。

结　语

2015 年正好迎来"二战"结束 70 周年，通过接触来自多个角度的报道，这一年来我也有许多机会去思考这个国家的历史和未来。此外，这一年也是外祖父大平正芳逝世 35 周年，我有幸借着写作本书的机会，得以重新认识了我的外祖父。

外祖父的人生中 20 岁前后的时期正是第一次世界大战和第二次世界大战之间的时代巨变期。外祖父 20 岁的时候日本陷入了昭和的经济恐慌之中，次年发生了九一八事变，23 岁的时候希特勒上台、日本退出国联。在这样沉闷年代，外祖父就读于东京商科大学，大学二年级的时候加入了经济学家上田辰之助的研究会。当时的研究会好像是在上田老师家中举行的。外祖父称："上田老师与其说是经济学家，不如说是社会学家，在社会学家前实际上又是语言学家。因此老师对托马斯·阿奎那的研究以及其他工作，如果罔顾语言学的素养是不可想象的。（中略）我从老师那里通过严格的训练学习到了语言的重要性。"（摘自『大平正芳 人と思想』）

外祖父特有的丰富用词、具有说服力和节奏感的文笔，这应该都是得益于大学时的训练吧。在上田老师的引导下，外祖父命中注定般地邂逅了中世纪神学家圣托马斯·阿奎那。

出身那不勒斯的托马斯·阿奎那是 13 世纪以布道为宗旨的托钵修会——多明我会的神学家。据说他有着健壮的身体，动作缓慢，处事沉稳冷静。因此他的同学曾嘲笑他为"沉默的牛"。看到这段叙述我不由得联想到了外祖父。

"人类是受他人帮助，将自己的财富和其他人分享的存在。"

"物质财富有其极限，心灵的财富却可以成为人类共同的目标。"

思考社会和个人的应有方式并为之苦恼不已的青年大平正芳，此时刚刚成为基督徒，想必也一定沉迷于托马斯的理论。同时，对托马斯宗教与生活为一体的西欧中世纪的历史，外祖父也应是憧憬不已吧。

所谓阅读，即是和作者的邂逅。通过读书，外祖父将古今东西的历史和哲学如同拼花一样镶嵌在一起，形成了自己独特的思想。

不久之后他跨入政界，在难得的机缘眷顾下逐渐产生了保守派主流的自负。

此外，外祖父认为政治不只是存在于国会，也存在于市井平民的日常生活和家庭之中。正如他从圣经中领会的那样，包括自己在内，不存在完美的人。我想正因如此，他才要求自己每天谦虚地不断努力。立志实现"稳健的保守政治"的外祖父在成为首相之后的首次施政方针演讲中这样说道：

> 我们所努力建设的新社会是要克服不信任和对立，培养理解和信任，在涉及家庭和地域、国家和地域社会的所有层面，追求人生价值的真谛。在这个社会，每个人都能发挥自己的创造能力，勤劳将得到合理回报，并尊重法律秩序，自我约束和节制，给他人以无微不至的关怀和理解。
>
> 我的方针是将重视文化和恢复人类理性作为一切政策的基本理念，通过充实家庭基础、推动田园都市构想等，致力于建设一个公正且有格调的日本式福利社会。
> （摘自第87届国会施政方针演说）

外祖父喜爱的圣经中有这么一段。

一粒麦子不落在地里死了，仍旧是一粒；若是死了，就结出许多子粒来。（《约翰福音》第12章第24节）

此外，他还引用歌德的名言"人生重要的不是结果，而是过程"，写道"出力流汗、迎难而上并尝试解决的过程便是人生"（摘自『在素知贅』）。

迄今我总是不时想起在假日的午后，外祖父在家中客厅悠闲地读书的身影。他曾经说过："我想70岁从政界引退，一边读书一边过安静的生活。"我发自内心尊敬这样的外祖父，并希望通过追随他的足迹来深深地怀念他。

在世田谷区濑田家中读书的外祖父
照片提供：读卖新闻

谢

词

当有人联系我是否愿意从家庭一员的角度写一本有关外祖父的书，而我还在考虑该写什么内容的时候，突然想起了桥本五郎写的有关外祖父的报道。桥本先生的文章总是充满爱意。当我拜托他一定要为此书写一篇序言时，他愉快地答应了。桥本先生和善的笑容给了我决定执笔的动力。感谢桥本先生对不成熟的我的过度褒奖，也感谢您对外祖父的深刻洞察。

序言中我提到前官房长官仙谷由人希望我写出"大平正芳先生宽广深邃的思考和内心"以及"忍耐力强"的根源。仙谷先生和外祖父同样是四国出身，他是邻县德岛县人，和外祖父同龄。每当我行文窒碍的时候就会想起仙谷先生的话。大平正芳和仙谷由人，虽然两人在政治上看似没有共同点，但是他们之间的共同点也不在少数，如都有着崇高的理想，为国忧心的情怀以及对他人的深厚信任等。我对仙谷先生的热情勉励表示感谢。

我笔下该呈现怎样的"外祖父大平正芳"形象呢？我首先列出目录。最初就方向性我请教了前《朝日新闻》政治部长橘优先生。外祖父任首相时，橘先生当时是他的跟班记者，因同样都是香川县人，两家人之间的交往已经持续了36年。他给了我许多详细的建议，谨此表示由衷的感谢。

对于曾作为秘书在外祖父身边大展才华的福川伸次、藤井宏昭、佐藤嘉恭，我也直接采访了他们，并承蒙馈赠资料，谨致以谢意。

此外还有在"耶稣之仆会"蒙受照顾并长期交往的藤川家。承蒙藤川寿枝子完好地保存着外祖父的照片和信函，如外祖父在天有灵，也会感到赧然且欣喜吧。

就松本重治先生的事迹，我向国际文化会馆的松本洋先生、加藤干雄先生进行了请教，并通过比企能博先生的介绍还成了这家上佳的图书馆的会员。

在我探访外祖父受洗的教会时，香川县观音寺三代相传的事务所的东山昭子为我提供了帮助。此外，感谢一直以来以深深的爱支持大平纪念馆的各位，纪念馆也光荣地完成了它的使命。大家真是辛苦了。

大平正芳纪念财团为我提供了许多照片和资料，在此我对任财团理事长的叔叔大平裕表示感谢。

担任本书编辑的西角真澄先生在我谈及对外祖父的回忆时，热心策划建议我给外祖父写一本书，并一直关心我的执笔过程。

本书的艺术设计由木村设计事务所的木村裕治和川崎洋子负责。自我的上一本著作以来一直承蒙他们的关照。

最后，我还要向执笔本书时给予我热情鼓励的各位表达诚挚的感谢。谢谢你们。

金桂飘香时于冈本家中

参考文献

『権力の病室』　国正武重著　文藝春秋

『総理の娘』　岩見隆夫著　原書房

『私の履歴書　大平正芳』　大平正芳著　日本経済新聞社

『大平正芳回想録　追想編』　大平正芳回想録刊行会編　大平正芳回想録刊行会

『大平正芳回想録　資料編』　大平正芳回想録刊行会編　大平正芳回想録刊行会

『大平正芳回想録　伝記編』　大平正芳回想録刊行会編　大平正芳回想録刊行会

『総理大臣の妻たち』　小林吉弥著　日本文芸社

『田中角栄』　早野透著　中公新書

『田中角栄　100の言葉』　別冊宝島編集部編　宝島社

『日中国交正常化』　服部龍二著　中公新書

『ライシャワー自伝』　エドウィン・O.ライシャワー著
徳岡孝夫訳　文藝春秋

『ライシャワーの昭和史』　ジョン・R.パッカード著
森山尚美訳　講談社

『大平正芳　人と思想』　公文俊平・香山健一・佐藤誠
三郎監修　大平正芳記念財団

『大平正芳　政治的遺産』公文俊平・香山健一・佐藤
誠三郎監修　大平正芳記念財団

『世紀をへだてて―藤川正夫の詩と日記―』　今道友信
編　岩波出版サービスセンター

『素顔の代議士』　大平正芳　20世紀社

『上海時代―ジャーナリストの回想』　松本重治著　中
央公論新社

『松本重治伝　最後のリベラリスト』　開米潤著　藤原
書店

『自由主義とは何か』　石橋湛山、清澤洌他著　東洋経
済新報社

『昭和史への一証言』　松本重治著　たちばな出版

『追想　松本重治』　国際文化会館　『追想　松本重

治』刊行委員会編　中央公論事業出版

　　『大平文庫蔵書目録』　大平正芳記念財団

　　『堤清二と昭和の大物』　松崎隆司著　光文社

　　『権力の館を歩く』　御厨貴著　毎日新聞社

　　『大平志げ子夫人を偲ぶ』大平正芳記念財団編　大平
正芳記念財団

　　『軽井沢物語』　宮原安春著　講談社

　　『軽井沢伝説』　犬丸一郎著　講談社

　　『運命の人』　山崎豊子著　文春文庫

　　『外交をひらく』　岡田克也著　岩波書店

　　『吉兆　湯木貞一のゆめ』　湯木美術館編　朝日新聞社

　　『人間　池田勇人』　土師二三生著　講談社

　　『商い続けて50年　鈴木三樹之助と三木証券』　山口
季雄著　三木証券株式会社

　　『春風秋雨』　大平正芳著　鹿島研究所出版会

　　『評伝　吉田茂』　猪木正道著　読売新聞社

　　『最後の旅』　森田一著　行政問題研究所出版局

　　『永遠の今』　大平正芳回想録刊行会編　大平事務局

　　『在素知贅　大平正芳発言集』大平正芳記念財団編
大平正芳記念財団

　　『茜色の空』　辻井喬　文藝春秋

『トマス・アクィナス　肯定の哲学』　山本芳久著　慶応義塾大学出版会

『去華就實　聞き書き　大平正芳』大平正芳記念財団編　大平正芳記念財団

『文人宰相　大平正芳』　新井俊三・森田一著　春秋社

『心の一燈』　森田一著　第一法規

『大平正芳　理念と外交』　服部龍二著　岩波書店

『明日の田園都市』E.ハワード著　長素連訳　鹿島研究所出版会

「婦人公論」中央公論社　1979 年 2 月号

「朝日新聞」朝日新聞社　1978 年 11 月 10 日付

「キリスト新聞」キリスト新聞社　1967 年 2 月 7 日付

「四国新聞」四国新聞社　2015 年 2 月 7 日付

「産経新聞　詳説・戦後 10」産経新聞社　2008 年 5 月 6 日付

「日本経済新聞」日本経済新聞社　1978 年 10 月 16 日付、17 日付

图书在版编目（CIP）数据

外祖父大平正芳／（日）渡边满子著；薛轶群等译
. -- 北京：社会科学文献出版社，2017.12
（中日历史问题译丛）
ISBN 978 - 7 - 5201 - 1764 - 7

Ⅰ.①外… Ⅱ.①渡… ②薛… Ⅲ.①大平正芳（
1910 - 1980）- 生平事迹 Ⅳ.①K833.137 = 5

中国版本图书馆 CIP 数据核字（2017）第 273333 号

·中日历史问题译丛·

外祖父大平正芳

著　　者／〔日〕渡边满子
译　　者／薛轶群　徐伟信　尤一唯　韦平和
审　　校／薛轶群

出 版 人／谢寿光
项目统筹／徐碧姗
责任编辑／李期耀

出　　版／社会科学文献出版社·近代史编辑室（010）59367256
　　　　　地址：北京市北三环中路甲 29 号院华龙大厦　邮编：100029
　　　　　网址：www. ssap. com. cn
发　　行／市场营销中心（010）59367081　59367018
印　　装／北京季蜂印刷有限公司

规　　格／开 本：889mm × 1194mm　1/32
　　　　　印 张：7.625　字 数：131 千字
版　　次／2017 年 12 月第 1 版　2017 年 12 月第 1 次印刷
书　　号／ISBN 978 - 7 - 5201 - 1764 - 7
著作权合同
登 记 号／图字 01 - 2017 - 1420 号
定　　价／39.00 元

本书如有印装质量问题，请与读者服务中心（010 - 59367028）联系